JN195475

キリスト者必読

生涯学習のための
「祈り」

百瀬文晃［著］

女子パウロ会

もくじ

キリスト者必読　生涯学習のための「祈り」

まえがき

この本は、山口・島根地区信徒養成講座「キリスト者の祈りと生活」で行った十二の講話に手を加えたものです。生涯学習を志す方々に、その中核である「祈り」を学び、実践するために役立てていただくことを意図しています。

「祈り」にはさまざまな形や方法があり、人が生涯にわたって、それぞれの仕方で学び、深めていくものです。わたし自身も、かねてからカトリック信徒の方々の生涯学習をお手伝いしてきたのですが、いつも思うのは、聖書やキリスト教の勉強に励む中で、何よりも祈りと愛の実践がなくてはならない、ということです。

日本では、キリスト教会の少子高齢化や信徒数の減少などが嘆かれるこの頃ですが、たとえ少数であっても、一人ひとりのキリスト者がイエス・キリストへの信仰にしっかり立って、世に信仰を証しすることが大切なのではないでしょうか。

キリスト者がより一層深くイエス・キリストを知り、その教えに従って生きるために、その基礎であり、原動力である「祈り」を学ぶうえで、少しでもお役に立てればしあわせです。

第一章　イエスの生きざまと教え

1 なぜ人は祈るのか

なぜ人は祈るのでしょう。どの民族であれ、どの宗教であれ、およそ人間がこの世界に存在するようになったときから、人が祈ることをしなかった時代も場所もありません。現代でも、自分や家族や友人のだれかが重大な問題に直面しているときには、人は「祈るような気持ち」になります。たとえ特定の宗教を信じていなくても、人が必死に何かを願うとき、その願いがかなうように祈ります。

そのようなとき、人はいったい、だれに向かって祈っているのでしょう。はっきりと意識していなくても、やはり自分の力を越える何者かが存在していて、祈りを聞いてくれることを期待しているから祈るのではないでしょうか。日本では、大勢の人が正月に神社や寺に詣でて、手を合わせて祈っています。その多くは、家族の健康や、商売繁盛や、受験の合格や、よい就職、よい結婚などを祈っているようです。また、その願いに合わせて、各地に学問の神さまや、縁結びの神さまや、安産の神さまなどが祀(まつ)られています。過去にりっぱな行いをした偉人が、神さまとして祀られることもしばしばです。亡くなった先人たちがどこかに生きていて、世にいる人間の祈りを聞いてくれると信じるからでしょう。

　さて、だれに向かって祈るかは、宗教によって違うとしても、そのように人間を越える何ものかに向かって祈る心は、皆に共通しているのではないでしょうか。人は静かに人生を振り返ってみるとき、自分が絶えず何かを求めて生きていることに気づきます。生きていることの意味、自分や家族のしあわせ、愛し愛されること、世界の平和などを希望し、その実現のために祈ります。人には、自分を越える存在を漠然と感じとり、それに向かって祈る心が、生まれながらに備わっているのではないでしょうか。

　ユダヤ教やキリスト教やイスラム教などの、いわゆる一神教の伝統の中に生きている人は、小さいときから、ごく自然に、自分が存在しているのは創造主である神さまによって造られたからだ、と信じています。そして、物心がつくころには、自分が生まれながらに神さまに向かわされている、ということに気づくようになります。人間をお造りになった神さまが、ご自分に向かう心を植えつけておられるからです。神さまが人間をお造りになったのは、人間が神さまの愛の受け手として、その愛に知性と心をもって応えるためなのだ、と理解するようになります。

　この二つの宗教の源泉は、今から約四千年ほども前のことと推測されるイスラエルの太祖アブラハム、イサク、ヤコブの信仰にさかのぼります。その信仰は、旧約聖書の『創世記』に書きとめられています。多くの民族が、さまざまな神々を拝んでいる中で、この人たちは、ただ一人の神さまが世界をお造りになり、自分たちを導いておられることを信じていました。そして、この唯一の創造主のほかには、どのような神々も拝んではならないという掟を厳しく守っていました。

キリスト教の創始者であるイエス・キリストも、このイスラエルの民の一人として、太祖から伝えられた信仰に生きた人でした。キリスト教は、イエスの弟子たちを中心に、主イエスの教えに従って生きようとする人々の集まりから生まれ、成長してきました。これが「教会」と呼ばれ、主イエスに従って生きる人々が「キリスト者」と呼ばれています。

古代のキリスト教思想家アウグスチヌスは、その著『告白録』の冒頭で、次のような有名な言葉を記しています。「神よ、あなたはわたしたちを、あなたに向けてお造りになった。だから、わたしたちの心はあなたにおいて安らぐまでは、安らぐことを知らない」と。

人は人生の中でさまざまに真理を求め、愛を求め、平和を求めるのですが、神さまを除外していくら努力しても、心が安らぐことはありません。時は過ぎ、体は衰えていきます。自分が何のために生きているのか、だれしも考えないではいられません。アウグスチヌスの言うように、わたしたちは神さまによって、神さまに向けて造られているのですから、神さまに向かって生きるときに、初めて心の奥底に安らぎと喜びを見いだします。

神さまに向かって生きるとは、神さまを知り、その御心に適う生き方をする、ということでしょう。このことをアウグスチヌスに、そしてすべてのキリスト者に教えてくださったのが、主イエス・キリストでした。神さまを知り、その御心に適う生き方をするために、その出発点であり、原動力となるのが「祈り」です。祈りとは何なのか。どのように祈ればよいのか。これを主イエスの生きざまと教えから学びましょう。

2　祈るイエスの姿

周知のように新約聖書は、イエスの弟子たちが信仰を伝えるために書き記したさまざまな文書をまとめたもので、そのはじめの四つの「福音書」では、それぞれの著者が、イエスの生涯と教えを伝記風に書いています。注意深く読むと、イエスがさまざまな場面で、父である神さまに祈っている姿が描かれています

まず、イエスが洗礼者ヨハネのもとにきて、ヨハネから洗礼を受けたとき、イエスは水

から上がると、「天が裂けて、霊が鳩のように、御自分に降ってくるのを、御覧になった。すると、『あなたはわたしの愛する子、わたしの心に適う者』という声が、天から聞こえた」（マコ1・10－11）と、マルコ福音書は記しています。マルコによれば、これはイエス自身が体験した、父である神さまとの深い一致のできごとであり、父からの使命に目覚めたきっかけだったのでしょう。

さらに、「霊はイエスを荒れ野に送りだした。イエスは四十日間そこにとどまり」（マコ1・12－13）と記されていますが、これはイエスが荒れ野で一人祈りの生活を送り、祈りの中で父から受けた使命が何であるかを問い、それを行う力を願った、と理解してよいでしょう。

そして、イエスはガリラヤに行き、神の国を宣べ伝え、回心して福音を信じるように人々に呼びかけました（マコ1・14－15）。宣教活動に没頭していたときも、「朝早くまだ暗いうちに、イエスは起きて、人里離れた所へ出て行き、そこで祈っておられた」（マコ1・35）と記されています。

また、イエスは神の国の宣教を手伝わせるために、十二人の弟子を選びましたが、マルコは「イエスは山に上に登って、これと思う人々を呼び寄せられると、彼らはそばに集まってきた」(6・13)と記しています。ルカはさらに詳しく、「イエスは祈るために山に行き、神に祈って夜を明かされた。朝になると弟子たちを呼び集め、その中から十二人を選んで使徒と名付けられた」(6・12-13)と、イエスが重大な決定をする前に、夜を徹して祈ったと記しています。

イエスは神の国のしるしである力の業(奇跡)を行う前には、いつも祈りました。マルコによるパンの増やしの物語では、「イエスは五つのパンと二匹の魚を取り、天を仰いで賛美の祈りを唱え」と言われ、また耳が聞こえず舌の回らない人の癒やしの物語では、「天を仰いで深い息をつき、その人に向かって、『エッファタ』と言われた」(マコ7・34)と述べられています。

何よりも心を打たれるのは、イエスが自らの死を前にして、ゲッセマネの園で祈った姿です。マルコ福音書によれば、ペトロ、ヤコブ、ヨハネの腹心の弟子たちを連れていき、「わたしは死ぬばかりに悲しい。ここを離れず、目を覚ましていなさい」(マコ14・34)と、頼りない弟子たちに一緒に祈ってくれるように願います。そして、「少し進んで行って地面にひれ伏し、できることなら、この苦しみの時が自分から過ぎ去るようにと祈り、こう言われた。『アッバ、父よ、あなたは何でもおできになります。この杯をわたしから取りのけてください。しかし、わたしが願うことではなく、御心に適うことが行われますように』（マコ14・35－36）。

主イエスは、できればこの苦しみを避けることができるように願い、しかし自分の願いではなく、父の御心が行われるようにと祈ります。「主の祈り」の中で唱えられる「御心が天に行われるとおり、地にも行われますように」という祈りは、まさに主イエス自身が懸命に願った祈りでした。

十字架の上でイエスが祈ったのは、詩篇22の言葉でした。「わが神、わが神、なぜわたしをお見捨てになったのですか」（マコ15・34）。痛ましくも絶望的に聞こえるこの祈りは、詩編を読み進めると、「わたしは大いなる集会で、あなたに賛美をささげ、神を畏れる人々の前で満願の献げ物をささげます」（詩編22・26）という、父なる神さまへの賛美と、自らの命をささげる祈りです。

このように、主イエスは全生涯にわたって、絶えず父なる神さまとの深い心の一致に生きていました。だから、主イエスに従って生きることを選んだキリスト者にとっては、祈るということは主イエスにならって、また主イエスの祈りに支えられて、神さまとの交わりをいただく、ということでしょう。

3　父である神さまへの信頼

新約聖書を読むと、イエスの説教を聞いていたイスラエルの人びとは、生まれたときから創造主である神さまを信じていました。これは、日本とはまったく違う文化の土壌です。イエスの聴衆は、神さまが世界をお造りになった方、そしてわたしたち一人ひとりをお造りになった方だということを、当然のこととして信じていました。わたしがここに生きているのは、けっして偶然のことではなく、神さまがこの「わたし」をお望みになって、無から存在へと呼びだしてくださったのだ、という信仰です。

人間は一人ひとり神さまによって、神さまの愛の相手として造られているのですから、自分に対する神さまの愛を知り、それにお応えしようとするときに、初めて幸せになります。祈りは、自分が何者であるか、どのように生きるべきかを知るために欠かせません。

主イエスは、このイスラエルの民のもつ唯一の創造主への信仰にのっとって、神さまがいわば自分の子どもたちを愛する父親のように、一人ひとりの人生の歩みを見守っておられる、と説きましたマタイ福音書の五章から七章は、イエスがさまざまな機会に語った教えを、福音書の著者が一つの説教の形にまとめた部分で、「山上の説教」と呼ばれています。冒頭に「イエスはこの群衆を見て、山に登られた……イエスは口を開き、教えられた」（マタ5・1－2）と記されているからです。この説教から、いくつかの箇所をひろってみましょう。

「なぜ、衣服のことで思い悩むのか。野の花がどのように育つのか、注意して見なさい。働きもせず、紡ぎもしない。しかし、言っておく。栄華を極めたソロモンでさえ、この花の一つほどにも着飾ってはいなかった。今日は生えていて、明日は炉に投げ込まれる野の草でさえ、神はこのように装ってくださる。まして、あなたがたにはなおさらのことではないか、信仰の薄い者たちよ。」（マタ6・28－30）。

ここで主イエスが語りかけたのは、ガリラヤの貧しい農夫たちとその家族だったでしょう。働いても働いても、重い税金を取り立てられ、毎日、何とか生きていくことで精一杯の人びとでした。イエスは、何を食べ、何を着ようかと思い煩うのはやめて、創造主への信頼をもって生きなさい、と説きました。それは、何もしないで、怠けていてよい、というのではありません。一生懸命に、できるだけの努力をして、あとは思い煩うことなく、神さまにお任せしなさい、ということです。

そして主イエスは、すべてをご存じである神さまが、あたかも自分の子どもを慈しむ父親のように、わたしたちの祈りを喜んで聞いてくださる、と教えました。

「あなたがたのだれが、パンを欲しがる自分の子供に、石を与えるだろうか。魚を欲しがるのに、蛇を与えるだろうか。このように、あなたがたは悪い者でありながらも、自分の子供には良い物を与えることを知っている。まして、あなたがたの天の父は、求める者に良い物をくださるにちがいない（マタ７・９－11）。

当時のイスラエルの人々は、子どもに恵まれることこそ神さまからの最大の恵みだ、と考えていました。どんなに貧しくても、父親は子どもたちを養うためには、汗水流して、けんめいに働きました。主イエスは、その人々の姿をたとえに用いて、「たとえぐうたらな父親でも、自分の子どもにはよい物を与えることを知っているではないか。まして天の父は、お願いすれば、わたしたちにとっていちばんよい物を与えてくださる」、と教えました。

わたしたちは、ときには「祈っても、祈っても、聞きいれられない」、というような経験もします。しかし、わたしたちにとっていちばんよいものが何であるか、自分には見えていないことがしばしばあります。とかく直面する問題に心を奪われがちで、長い目で物事を見ることを忘れてしまいます。しかし、神さまは、何がいちばんわたしたちの益になるかをご存じです。

また主イエスは、どんなときにも天の父への信頼を忘れないように、次のように語りました。

「二羽の雀が一アサリオンで売られているではないか。だが、その一羽さえ、あなたがたの父のお許しがなければ、地に落ちることはない。あなたがたの髪の毛までも一本残らず数えられている。だから、恐れるな。あなたがたは、たくさんの雀よりもはるかにまさっている」(マタ10・29－31)。

わたしの子どものときは、戦後まもなくで、物がなく、近所の人たちが雀を焼いて食べていて、わたしも分けてもらったことがあります。あまり食べるところがなくて、骨ごとコリコリかじったのを覚えています。イエスの時代のガリラヤの民衆は、雀を網でつかまえて、焼いて食べたようです。動物好きのイエスは、市場の店さきで売られている雀をかわいそうに思って見ていたのかもしれません。しかし、イエスは雀を例に使って、神さまはこんな小さな生き物さえ、心にかけておられることを教えました。

ちなみに、明治の始め、長崎でキリシタンの子孫たちが発見され、政府の禁教政策によって捕らえられ、あちこちの藩に流配されて、棄教を迫られ、拷問を受けました。島根県の津和野に流されたグループの中では、祐次郎という少年の殉教が伝えられています。この少年は寒空の縁側に裸で座らされ、拷問を受けながらも、屋根にいる子雀に餌を与える親雀を見て、神さまが自分を見捨てられることがないと信じて、信仰を守ったと言われます（永井隆『乙女峠』参照）。

4　あきらめずに祈ること

ルカ福音書によると、主イエスは、わたしたちが神さまに何かを願うときに、すぐに聞きいれられないときも、あきらめずに祈り続けるように教えて、次のようなたとえを語りました。

「ある町に、神を畏れず人を人とも思わない裁判官がいた。ところが、その町に一人のやもめがいて、裁判官のところに来ては、『相手を裁いて、わたしを守ってください』と言っていた。裁判官は、しばらくの間は取り合おうとしなかった。しかし、その後に考えた。『自分は神など畏れないし、人を人とも思わない。しかし、あのやもめは、うるさくてかなわないから、彼女のために裁判をしてやろう。さもないと、ひっきりなしにやって来て、わたしをさんざんな目に遭わすにちがいない。』」それから、主は言われた。「この不正な裁判官の言いぐさを聞きなさい。まして神は、昼も夜も叫び求めている選ばれた人たちのために裁きを行わずに、彼らをいつまでもほうっておかれることがあろうか。言っておくが、神は速やかに裁いてくださる」（ルカ18・2－8）。

当時のユダヤ社会には、民事裁判の制度があって、財産や土地などの争いごとがあると、原告と被告が裁判官の前でそれぞれの主張を述べた後、裁判官が判決を下すという風習がありました。このたとえ話のように、しばしば賄賂などによって不正な裁きが行われ、貧しい者が不当に扱われることがあったようです。とくに家夫長制度の社会では、夫に死に別れた女性は頼る者がなく、意地の悪い隣人から財産や土地を奪われたりしました。このたとえでは、やもめは毎日出かけていって、あきらめずに裁判官に訴え続け、とうとう裁きをしてもらった、という話です。

「裁き」は、悪いことをして人をいじめている者には恐ろしいことであり、不当に苦しめられている者にとっては救いです。世の終わりに、神さまが正しい裁きを行ってくださるという信仰は、列強諸国によって弾圧されていたイスラエルの人たちにとっては救いでした。彼らは、やがて神さまが正しい裁きを行ってくださることを希望して、その時の苦しみを耐え忍んでいました。

主イエスはその他にも神さまについて、祈りについて、たくさんのことを語りましたが、それは他の機会に少しずつ見ていくことにしましょう。

第二章　祈り方の基本

先に、祈りとは何か、イエスはどのように祈ることを教えたか、ということを見ました。次に、どのように祈ればよいか、ということを考えましょう。ただし、祈りを学ぶということは、ただ理論を理解するだけでなく、実際に祈って、実践してみなければ意味がありません。まず、どのように日常生活の中で祈ればよいかを見て、これを少しずつ実践していくことにしましょう。

1　祈る習慣の大切さ

神さまによって、神さまに向けられて造られた人間は、神さまのいのちによって生かされるときに、初めて真に人間にふさわしい生き方ができます。かつて聖フランシスコ・ザビエルは、鹿児島に上陸してまもなく、ゴアのイエズス会員にあてた手紙の中で、「神さまのことを考えずに生きていることは、生きているのではなくて、死んでいるのだ」と書いています（『フランシスコ・ザビエルの全書簡』河野純徳訳・平凡社）。神さまによって造られた人間は、神さまのいのちにあずかって、その恵みに生かされて初めて、真の意味で「生きる」のです。だから、神さまとの交わりである祈りは、人間が真に生きるために必要です。

　そこで、たとえ短い時間であっても、毎日、神さまに向かって心をあげることが大切です。祈ることを習慣づけると、その人の生き方の質が変わってきます。「生き方の質」と言えば、何のことかわかりにくいかもしれませんが、要するに、「幸せになる」ということでしょうか。毎日の祈りが習慣になると、もっと喜びをもって生きることができるし、周囲の人にも喜びを与える、ということです。

　「習慣づける」というのは、ある日はその気持ちになって祈っても、他の日には祈らないというような、気持ちとか気分に左右されないこと、そうではなく、神さまとの交わりを自分の生活に欠かせないものにするということです。たとえば、わたしたちは朝起きたら顔を洗うことを習慣づけていますが、何かの都合で、顔を洗わずに人前に出てしまうことがあるかもしれません。そうすると、何か落ちつきません。わたしは毎朝七時にミサをささげ、何人かの信者さんも参加するのが日常ですが、ある日、目覚ましがならずに、寝過ごしてしまいました。信者さんの一人がドアをノックして、「神父さま、ミサの時間ですよ」という声を聞いて、あわてて飛び起きて、服を着て、ドタバタと聖堂にかけつけましたが、顔も洗わず、寝起きの顔そのままでした。さぞ、見苦しかったことでしょう。

「習慣づける」ということは、毎日、祈りのために一定の時間を決めておいて、これを守ることです。まず朝、目覚めたときには、ほんの数秒でもよいから、「この一日をおささげします。わたしの祈りと行いがあなたの御心にかないますように」と祈ります。わたしがイエズス会に入会したとき、二年間の修練院の生活では、大部屋に数人が共同生活していました。その中で、一人の係が決められていて、朝の起床の鐘がなると、「ベネディカームス・ドミノ（主を讃えよう）」と声をかけました。他の者はこれに、「デオ・グラチアス（神に感謝）」と応えました。このかけ声は、朝の元気を呼び覚ましました。六十年経った今も、わたしはこの習慣を一人で守っています。

また夜、眠りにつくときには、「今日一日をありがとうございました」と祈ります。ときには、一日のうちに、いやなことがあったり、自分が人に愛と忍耐をもって接することができなかったりしたことを思いだします。もし一日のうちに神さまに心を閉ざしたこと、御心に背くようなことを言ったり、行ったりしたことを思いだしたなら、「どうぞお赦しください」と祈ります。それでも、このように至らない、いつも失敗を繰り返している自分を、神さまがやさしく受けいれてくださっていることに感謝して、眠りにつきます。心配事は、神さまにお任せして、明日それに対処しましょう。

わたしの先輩で長く修練長などをお勤めだった瀬戸勝介神父が、亡くなる前のことですが、ある日、「しあわせに生きる秘訣」について人に尋ねられて、「いい気持ちで眠りに着くこと」と答えられたのを思いだします。「いい気持ちで」とは、心配事があっても、それは神さまにお任せして、明日はきっと解決できると信じて、安らかな気持ちで眠りに着くことです。

このように、朝の奉献と夜の感謝とは、時間を取りませんから、ぜひ習慣づけるとよいと思います。わたしの子どもの頃には、祈祷書に決まった「朝の祈り」が載っていて、「朝まだきに我が心、主を憧れて目ざむ」という、美しい文語体の祈りがありました。今は口語体の祈りがありますが、別に決められた祈りを覚えていなくても、自分の言葉で祈ってもよいと思います。大切なことは、それを習慣づけることです。そうすることを通して、自分の生き方そのものが神さまに喜ばれるものとなっていきますから。

パウロは、次のような短い言葉で表現しています。

「いつも喜んでいなさい。絶えず祈りなさい。どんなことにも感謝しなさい」（一テサ5・16）。

「いつも喜んでいる」とは、けっして上滑りな、陽気で、おめでたい人間であれ、ということではありません。たとえ苦しいことや悲しいことがあっても、神さまに向かって生きる人の心の奥底に与えられている喜びを保ち続ける、ということです。「絶えず祈りなさい」と言われても、わたしたちは四六時中お祈りしていることはできません。でも、朝夕の意向をささげることによって、一日の働きも、人との交わりも、神さまにささげられた、いわば祈りとなります。「どんなことにも感謝しなさい」という意味は、たとえ苦しいことや悲しいことがあったとしても、感謝を忘れない、ということです。ちょうど母親が自分の子どもには、その子の成長のためにいちばんよい物を食べさせるように、神さまがわたしたちにいちばんよいものを与えてくださることを疑わず、ときには自分には固いとか、苦い食べ物と思えるものであっても、感謝していただくことです。

2 祈るための時間と場所

さらに、もう少し深く神さまのことを知り、神さまとの交わりを深めるために、一日のうちの決まった時間に神さまに心を向ける習慣をつけることをお勧めします。たとえば食事の前後は、祈るためのよい機会です。短くてよいから、食物を与えてくださった神さまと、食事を用意してくださった人に感謝し、この食事が神さまにお仕えするために力を与えてくれるように、また一緒に食卓につく人々との交わりを深めるものとなるように祈ります。食後には、いただいた恵みを感謝するとともに、じゅうぶんに食事ができないでいる貧しい人々のために祈ります。

人によって違いますが、通勤のために乗り物に乗っているときや、郵便局とかスーパーに向かって歩いているとき、それは神さまとお話しするよい機会です。仕事のあいまに一息いれるときや、料理の鍋が煮えるのを待つときも、待ち合わせた人を待ったり、病院の待合室で待たされたりするときも、祈り方を身につけていれば、神さまに心をあげることができます。

しかし、どんなときにも祈ることができるためには、やはりある程度の訓練をしておくことが必要です。祈り方をいろいろ学んだ上で、自分に合った祈り方を見つけておくとよいでしょう。

人によっては難しいことかもしれませんが、一日のあいだに一定の時間を作り、聖書を読んで、主キリストに思いを馳せることができれば、すばらしいことです。これについては、後ほど詳しく見ていきましょう。

小さいことですが、邪魔されずに祈れる場所を見つけておくことも有益です。自分の部屋なら、あまりに散らかしていては落ちつきません。整頓して、十字架や聖画を置けば、祈るための雰囲気を作ってくれます。とくに十字架は、主キリストがわたしたちのためにご自身をささげてくださったことを、直接に目の前にはっきり示してくれます。わたしの友人で、長年ブラジルのアマゾンの森林地帯で宣教した堀江節郎神父が語ってくれたことですが、ジャングルの奥深くで、聖堂もご聖体も何もないほったて小屋に泊まっていたとき、十字架だけが心の頼りになったそうです。

また、主キリストや聖人たちの聖画にはさまざまありますが、古代から東方教会では「イコン」が礼拝に用いられています。イコンは教会や修道院の壁にも描かれていますが、一般的には四角い板に、遠近法を無視して、象徴的に描かれた主キリストや聖母マリアや諸聖人の画像です。修道者たちが祈りながら長い年月をかけて丹念に描いたものが愛されています。

わたしは若いころ、ギリシアの東の半島にある修道者たちの自治国、アトスに巡礼にいったことがあります。道すがら、ある小さな隠修士の家を訪ねたところ、二人の修道士が一心にイコンを描いていました。手がぶれないように、左手に長い棒をもって、それに筆をもつ手をあてて、画面の細かい部分を注意深く描くのです。それは、彼らの祈りの生活と不可分のようです。こういう本物のイコンはとても高価で、簡単には手に入りません。しかし、インターネットでダウンロードして、これを紙に印刷して、ボンドで板に張りつけ、上にニスを塗ると、ちょっとしたイコンを作ることもできます。板がそらないように古い板を使うのがコツです。イコンを置き、ろうそくを灯すと、不思議に祈りのための雰囲気がかもしだされます。

火事にならないように気をつけなければなりませんが、緊急の祈りをささげるためには、ろうそくを灯すことは助けになるかもしれません。ろうそくは、自分が気を散らしているときにも、じっと燃え続け、神さまに心を向けることを助けてくれるからです。

3　祈りのための姿勢と呼吸

祈るために一定の時間と場所を確保できたなら、次に心がけることは祈りの「かたち」

です。人間は心と体をもつ存在ですから、心を整えるためには、体から整えるのが常套手段です。

カトリック信者なら、祈りの始めと終わりに十字を切ります。これは特定の動作をもって祈るという、すぐれた古来の伝統です。目覚めたときに十字を切れば、意識をしっかりさせます。夜眠りにつくとき、とても疲れていて、長い祈りができないときでも、少なくとも十字を切ることはできるでしょう。

それで思いだすのは、わたしがかつてカトリック学生たちのグループで、この話をしたときのことです。そのうちの二人が、一緒の部屋に下宿していましたが、ある夜、コンパですっかり酔っぱらって帰ってきて、すぐふとんに入ったのですが、一人が、「おまえ、十字を切れるか」と聞きました。もう一人は、「こんなんでいいのかなあ」と言いながら、十字を切ったそうです。でも、翌朝、そのことをまったく覚えていなかったとか。

一日のうちに静かな祈りの時間があれば、まず姿勢を正すこと。畳の上であれ、椅子の上であれ、座るなら、腰から上はまっすぐに上に伸ばし、肩の力を抜き、静かに呼吸をします。背中が丸くなっていてはいけません。手を組むか、両手をそろえて膝の上におきます。仏教の伝統の座禅を経験したことのある人なら、慣れるまでは足が痛むのですが、慣れれば、これはすぐれた祈りの姿勢です。少しずつ自分にあった祈りのかたちを見つけるとよいでしょう。東洋の宗教の伝統では、ヨガをはじめ、姿勢や呼吸を整えることから祈りに入るさまざまな方法が伝えられています。すぐれた黙想の指導者であったアントニー・デ・メロ神父の著作『東洋の瞑想とキリスト者の祈り』（女子パウロ会）は、とてもよい手引き書になります。ただ、品切れのため手に入らないので、図書館や教会の図書室などで借りて読まなければなりません。また、一人で読書から学ぶのは容易ではないので、各地にあるカトリックの黙想の家などで催される二日間、あるいは三日間の研修会や黙想会に参加して、方法を教わるのが早道かもしれません。

4　口祷（こうとう）と念祷（ねんとう）

大ざっぱに言って、祈りは口祷と念祷とに分けられます。ふつうには、「口祷」とは声を出して祈ることを言います。福音書によると、イエスもしばしば声を出してお祈りしました（ルカ10・21－22、ヨハ17・1－26など参照）。声に出して祈れば、そこにいる他の人々と祈りを共有できます。口祷でも、自分の心から自由に言葉にする場合もあれば、教会の伝統の中で伝えられている特定の祈りを唱える場合もあります。特定の祈りなら、他の人々と一緒に共唱できます。また、頭が疲れていたり、病気のときなど、自由に祈ることができないときでも、特定の祈りを覚えていれば、それを口にすることができますし、病気で床に伏せているときなど、他の人に唱えてもらって、これに心を合わせることもできます。

もっとも知られているのは、「主の祈り」、「アヴェ・マリアの祈り」、「栄唱」などですが、そのほかにも古くからの教会の伝統には、美しく、すばらしい祈りがたくさん伝えられています。自分の好きな祈りを覚えておきましょう。

これに対して「念祷」とは、ふつうには、口に出さない、心の中の祈りのことを言います。神さまの御前で自分の心を打ち明け、賛美し、恵みに感謝し、罪をわび、新たに神さまの御心に従って生きる決心をすることなども、念祷の一つです。あるいは聖書の言葉や救いの神秘について思いめぐらすこと、声に出さずに主と対話することなども念祷です。先に述べた口祷でも、特定の祈りを心の中で思いめぐらすなら、それは念祷と言うべきでしょう。念祷には、たくさんのやり方があるので、これから少しずつ見ていくことにしましょう。

マタイ福音書には、主イエスの言葉として、次のように伝えられています。

「あなたが祈るときは、奥まった自分の部屋に入って戸を閉め、隠れたところにおられるあなたの父に祈りなさい。そうすれば、隠れたことを見ておられるあなたの父が報いてくださる」（マタ６・６）。

これは、イエスの当時のユダヤ人、とくにファリサイ派のようなエリートたちが人に尊敬されようとして、人前で祈ることを好んだので、これに対してイエスが言われたことです。しかし、現代のわたしたちは、むしろ逆に、一人で祈っているところを人に見られるのは照れくさくて、それを隠す方が多いかもしれません。子どもたちは、親が祈っている姿を見ることによって、祈ることを学ぶのですが。

いずれにせよ、父である神さまの前に自分を置き、自分の祈りを聞いていてくださる父を思いながら、心を打ち明けるのです。「報いてくださる」という言葉は、神さまが祈りのご褒美をくださるかのように、誤解してはなりません。たとえ苦しみや悲しみが取り去られなくても、むしろ心に深い落ち着きや喜びをいただき、その苦しみや悲しみを耐える力をいただくということです。

5 射祷（しゃとう）

もう一つ、「射祷」と呼ばれる特殊な祈り方もあります。これは、弓で矢を射るというイメージから名づけられた祈りで、短い一言だけの祈りです。どちらかと言うと「口祷」に属するものですが、ふつうは声に出すよりも、むしろ自分一人で、心の中で唱える祈りです。

その短い祈りは、自分で好きな祈りを作ってもよいですが、古来よく知られている、ギリシア語の「キリエ・エレイソン（主よ、あわれんでください）」は、その典型です。現代のミサの典礼では「主よ、いつくしみを」と邦訳されています。

わたし自身は、しばしば疲れたとき、何か大切な仕事があるのに力が出ないときなど、「主よ、力を与えてください」と祈ります。これは、寝ているとき何かいやな夢を見たときでも、あるいは過去の苦い経験などが思いだされたときでも、自然に声に出してしまう祈りです。

先ほどご紹介したデ・メロ神父が生存中、わたしはインドで、彼の十日間の研修会に参加したことがあります。このときに教わった一つの祈り方は、今でもとても助けになっています。それは、ゆっくり深く息をして、息を吸いながら心の中で「主よ」、あるいは「主イエス」と呼び、息を吐きながら自分の好きな述語、たとえば「わたしの光」と唱えるのです。あるいは、「わたしのいのち」、「わたしの喜び」、「わたしの導き手」など、自分のそのときの状況にあった言葉で唱えます。これは、射祷の一種かもしれません。あるいは、呼吸と合わせて射祷を唱える、と言うべきかもしれません。頭が重いとき、忙しくて祈りに集中できないときなど、この呼吸に合わせた射祷をしばらく続けることによって、深い慰めをいただきます。

これは、古代の砂漠の修道者たちが祈っていた、「イエスの名の祈り」に似ています。座禅の修行でも、息を吐くときに、心の中で「無」と唱え、一心不乱にこれを繰り返すように指導されることがありますが、同じように「イエスの名の祈り」も、呼吸に合わせて主イエスの名を繰り返し唱えるのです。この祈り方は、混んだ電車やバスの中でもできます。他のことで頭がいっぱいのときなど、少しの間でもこのような祈りをすれば、心に落ち着きを取りもどせますし、こうして主との交わりを深めることができます。

ときどき呼吸に合わせて祈ると息が苦しくなってしまう、という人がいます。それは、つい呼吸をコントロールしてしまうからです。引きつけを起こしてはいけません。自然に呼吸をしながら、しかも呼吸に意識をもっていくことは、慣れないと難しいかもしれません。苦しくなった場合には、吐く息をゆっくり吐いて、息をすっかり出しきってから息を吸うと、うまくいきます。

6 振り返りと記録

さて、祈りの習慣を身につけ、神さまとの交わりを深めるためには、自分の祈り方について振り返ることも大切です。祈ったあとに、その祈り方がどうであったか、心を散らしたか、集中できたか、その原因は何であったかなど、短い時間でもよいから振り返り、経験したことを簡単にメモしておくのです。そのために一冊のノートを作って、祈りの中で神さまから光をいただいたと思ったら、それを書きとめておくこと、逆に心に何も感じなかったり、あるいは暗く心がすさみ、落ちこんだりしたときにも、これを書きとめておくこと。これは、簡単な「霊的日記」です。霊的日記をつけておくと、あとから自分の祈りの生活の中に、いわば一筋の筋道を見つけることができます。神さまがどのように祈りに応えてくださっているか、自分に何をお望みになっているかを知るために、とても役だちます。

第三章　聖書によって祈る念祷

先に祈り方の基本として、祈りのための時間、姿勢や呼吸などを見ましたが、今回は、聖書を用いて祈るいくつかの方法を学びましょう。ここにも口祷と念祷の違いがあります。皆さまにさっそく実践していただくために、この章では聖書をテキストとして念祷をする仕方を取りあげましょう。口祷については他の機会にお話しします。

1 聖イグナチオの祈り

まず、とても詳細に祈りの仕方を教えてくれるのは、ロヨラの聖イグナチオが書いた『霊操』という書物です。ここから、いくつかの祈りの方法を学びましょう。ただし、『霊操』は歴史の中で多くの人に影響を与えた書物ですが、けっして読み物として読むものではありません。いわば、お料理のレシピを書きとめた本が、これに従って料理を作ってみないと意味がないように、『霊操』も実践してみなければ、味もそっけもありません。それも、十六世紀の人の書いたものですから、その当時には当然だったことが、現代ではそうでないこともあります。やはりわたしたちの時代や文化に合った理解の仕方が求められます。ですから、経験のある人に指導していただいて、そのもとで実践するのがいちばんよいでしょう。

『霊操』はもともと三十日かけて行うためのものですが、八日間や三日間に短縮した形で、あちこちの黙想の家で「黙想会」として提供されています。関心があり時間のゆるす人は、そのような機会を使って学んでください。ここでは『霊操』の中から、わたしたちの日常生活での祈りに役だつような事柄をいくつかひろって、ご紹介することにしたいと思います。

先に見たように、念祷には大きく二つに分けて、「黙想」と「観想」とがあります。黙想は記憶と知性を使って、聖書の言葉や救いの神秘について思いめぐらすという祈り方です。これに対して、観想はあまり考えることをせず、ただ心で、神さまや主キリストの前に身を置き、救いの神秘を味わう祈り方です。まず、黙想から始めましょう。

聖イグナチオが教えている祈り方では、黙想する前に少し時間を取って、聖書の箇所をあらかじめ定め、そこから二つ、三つの要点を決めておきます。要点の決め方については、あまり時間をかけて考えなくても、自由に好きなテーマを取りだせばよいでしょう。祈る時間がきたら、次のようなステップを踏んで進みます。

①まず場所の設定をします。つまり、黙想の始めに、決めておいた聖書箇所を開け、そ

ている姿を見ます。

の場面を思い浮かべます。たとえば、マタイ福音書五章の山上の説教を例に取ってみましょう。想像の目をもって、主キリストが山の上で大勢の群衆に向かって語りかけている姿を見ます。

② 次に、望んでいる恵みを神さまにお願いします。たとえば、主キリストの教えをよく理解し、これに従って生きることができますようにと、お祈りします。

③ そして、あらかじめ定めておいた要点にそって、思いめぐらします。たとえば、要点の1として「心の貧しい人々は幸いである」という言葉を選んでいたなら、この言葉の意味を、記憶と知性を使って考えます。「心の貧しい人」とはどういう人のことなのか。旧約聖書の伝統では何を意味していたか。詩編34では、「貧しい人が呼び求める声を主は聞き」と言われますが、それは自分の弱さ、いたらなさを知るからこそ、ひたすら神さまに頼る人のことですが、はたして今の自分はどうなのか、など。また、「幸いである」とはどういうことなのか。神さまがそれを喜んでくださることだとしたら、自分はそのように生きているだろうか、など。もしここで深く感じるところがあれば、次の要点に進むことをせず、そこにとどまります。この要点について、感じることがなくなれば、用意した要点の2に進みます。決めておいた時間がくれば、④

に進みます。他の要点が残っていてもかまいません。

④ 最後の数分間は、心に感じたことに従って、父である神さま、もしくは主キリストと、心の中で対話をします。対話は、喜びであれ、驚きであれ、悲しみであれ、相談したり、感謝したり、願ったり、友が友に語るように心を打ちあけることです。

⑤ この黙想の結びには、心の中で「主の祈り」を唱えて終わります。「主の祈り」についいては、他の機会に詳しく見ることにしますが、主キリストの福音を要約する祈りと言われます。これを自由な黙想の終わりに唱えることによって、黙想に一つの形を与えることができます。

2　聖書の場面の観想

先に述べた祈りの手順は、主として聖書箇所について記憶や知性を用いて思いめぐらすという、いわゆる「黙想」のためですが、次に、あまり頭を使わず、ただ静かに聖書箇所を味わう、いわゆる「観想」の方法を見ておきましょう。

聖イグナチオは、観想の例として、主イエスのご降誕の場面をあげています。祈りのステップとしては先に述べた①から⑤に至る流れと同じなのですが、頭脳を使って要点を考えることよりも、むしろ心を使って、その場にいる人々の動きを見、その人々の話している言葉を聞き、その場の雰囲気にひたります。そして、「さながらそこにいるかのように、できるかぎりの畏敬と敬意を尽くし、自分を貧しい者、取るに足りない小さな僕(しもべ)とみなし、この方々に必要な物があればすぐ取ってくる」(『霊操』114)。

自分の身をそこに置く、という聖書の祈り方では、ヨハネ福音書のさまざまな場面がそれに向いています。何度も「イエスの愛しておられた弟子」が登場しますが、それがだれとは言われません。そこで、自分がその弟子になって、その場に身を置くと、福音書の著者の告げようとしているメッセージがよく感じ取れます。

聖イグナチオが「五官の活用」と呼ぶ方法も、観想のためには有益です。

①想像の目で人物を見ること(『霊操』122)。

②彼らが話していること、または話すであろうことに耳を傾けること(同123)。

③彼らの聖性、その霊魂と霊魂の徳、また他のあらゆるものの限りない芳しさとその甘美さを嗅ぎ、味わうこと(同124)。

④その人々が歩いたり、座したりしている場所に、手で触れること(同125)。

五官の活用は、ただ想像の目や耳で見たり聞いたりするにとどまりません。そのような想像は、やはり頭脳を使うもので、疲れさせます。むしろ、「見る」、「聞く」、「味わう、嗅ぐ」、「触れる」という言葉は、比喩的な言葉遣いであって、たとえば「その姿の神聖さを見る」、「その声や音の美しさを聞く」、「その行為の甘美さを嗅ぐ」、「その愛の心に触れる」というように、心で味わうときの霊的な五官の応用です。これは、理屈では難しいかもしれませんが、実際にやってみると、むしろ静かな安らぎを与えるものです。

3　聖ベネディクトの祈り

先に述べた聖イグナチオの祈りの方法は、かなり組織的で、前もって少し準備する必要がありますが、聖ベネディクトが教えたと言われる祈り方は、もっと簡単です。黙想したい聖書箇所を開いて、それをゆっくり読みながら、一句、一句、思いめぐらし、味わうのです。ちょうど静かな池に、小石を投げこむように、聖書の一句を心の中に投げいれ、その波紋を追い、波紋が広がって、消えていくまで味わうのです。その言葉によって自分の心に燃えるものがあったら、先に進まず、その言葉にとどまります。十分に味わったら、次の一句に進みます。

このように聖書を読んで味わう祈り方は、先の聖イグナチオの準備の祈りや終わりの対話と組合わせてもよいでしょう。とくに、この黙想に入る前に、一～二分の間、聖霊が祈りを導いてくださるように願ってから始めるとよいと思います。

いろいろ試してみて、自分に合った祈り方を見つけることが大切です。

4 聖書箇所の選び方

それでは、どのように黙想のために聖書の箇所を選んだらよいでしょうか。もちろん、その時々の自分のニーズに応じて、ある特定の箇所を開けて祈るという方法もあります。たとえば、家族の身の上に心配事があるときなど、力強い主イエスの姿を仰ぐために、嵐の湖上の物語（マコ4・35－41）を黙想するのもよいでしょう。あるいは、自分や家族や友人が重い病気にかかったとき、そのために主キリストの力添えを願って、ヤイロの娘の癒やしの物語（マコ5・21－43）を黙想するのもよいでしょう。しかし、これができるためには、ある程度、聖書のどこに何が書かれているかを知っている必要があります。

祈りを習慣づけ、祈りを学ぼうとする人にわたしがお勧めするのは、毎日のミサの聖書箇所、それも初めは福音書を選ぶことです。全世界のカトリック教会では、毎日ミサがささげられていて、共通の聖書箇所が定められています。これは、カトリック・カレンダーやカトリック手帳には記載されていますし、インターネットで調べることもできます。毎日のミサは、バチカンの典礼委員会が、一年を通して（主日の朗読は三年周期ですが）、聖書の主要な箇所を読むために、よく考えて配分してくれています。もちろん、その中には黙想の題材としてむずかしい箇所もあれば、苦手の箇所もありますが、聖書を広く読むためには好都合です。

わたしが山口・島根地区の信徒養成講座で「キリスト者の祈りと生活」についてお話ししたときには、参加者に毎日三十分の祈りの時間を作ることを求め、黙想の箇所として毎日のミサで読まれる福音書の箇所をリストにして配布しました。そのリストの右端には、毎日○×をつける欄を作りました。三十分の祈りの時間を取れた人は○、できなかった人は×をつけるのです。常勤の職についておらず、子育ても必要のない人は、一日のいちばんよい時間に三十分を取れましたが、お勤めで忙しく、朝の時間は無理で、夜眠る前にやっと時間を見つけた人もいました。たとえ気を散らしたり、居眠りしたり、きちんと祈れなかった日も、とにかく三十分を確保できたら○。逆に、どんなに心の燃えるような祈りの時をもっても、三十分に足らなかった日は×。だれもこれを調べるわけではありませんが、それぞれが自分の振り返りのために記録するようにお願いしました。わたしの講話は月に一度だけでしたが、五月から十一月までの六カ月、ほとんど毎日三十分を確保できた人は、祈る習慣ができたことをとても大きな恵みだったと言って、喜んでいました。

第四章　聖書によって祈る口祷

前章では、聖書の箇所を選んで、それを黙想あるいは観想する仕方を学びました。本章では、聖書の特定の箇所を口祷として用いる仕方を学んでおきましょう。

1　詩編

聖書の中には、「詩編」のように、かつての信仰者が口に出して祈った祈りや歌が伝えられ、収録されている箇所があります。それを心の中で唱えるか、場合によっては、唱えた言葉を思いめぐらす、という祈り方です。「口祷」と「念祷」との統合のようなものでしょうか。聖書の本文をそのまま定まった祈りとして唱えますから、ひとまずは「口祷」に分類しますが、必ずしも声に出して唱えるとか、他の人と一緒に共唱するのではなく、自分が口に出して、もしくは心の中で唱えて、その余韻を味わう、という祈り方です。

旧約聖書のちょうど真ん中のあたりに、百五十編の「詩編」が収録されています。昔は詩編のすべてがダビデによって作られたとされていた時代がありましたが、現代の聖書学の研究では、三千年前のダビデ時代にさかのぼるものもあれば、数百年後に新しく作られたものもあり、長年にわたって書き加えられ、修正され、編集され、まとめられたものであることがわかっています。現在の形の詩編百五十編の大半は、紀元前五世紀から二世紀の間に、バビロニア捕囚から帰ったイスラエルの民がエルサレムの町と神殿を再興して、神殿での祭儀が行われるようになったときに、祭儀の中で歌われたものです。簡単に読み方を解説しておきましょう。

詩編をひもとくと、たとえば詩編3には、その最初の1節に、小さな字で「賛歌。ダビデの詩。ダビデがその子アブサロムを逃れたとき。」というただし書きのようなものが付されています。これは、当時の神殿の祭儀で歌われたときの注釈であって、わたしたちは無視してもかまいません。たとえば詩編9・1では、「指揮者によって。ムトラベンに合わせて。賛歌。ダビデの詩。」、あるいは詩編22・1では、「指揮者によって。『暁の雌鹿』に合わせて。賛歌。ダビデの詩。」というように、「ムトラベン」が何であったか、「暁の雌鹿」という曲がどのようなものであったか、わたしたちにはわかりませんが、祭儀での聖歌隊に対する歌い方の指示だったのでしょう。

詩編の中には、個人で、もしくは共同体で、神さまを賛美するもの、恵みに感謝するもの、罪を認め赦しを願うもの、困窮の中で助けを希求するもの等々、いろいろな内容があります。わたしたちは、自分のその時どきの状況に合った詩編を選んで唱えることができます。また、自分の好きな詩編を覚えておいて、繰り返し唱えるのもよいことです。
一例として、よく知られている詩編の一つ、詩編23を見てみましょう。

主は羊飼い、わたしには何も欠けることがない。
主はわたしを青草の原に休ませ、憩いの水のほとりに伴い、
　魂を生き返らせてくださる。
主は御名にふさわしく、わたしを正しい道に導かれる。
死の陰の谷を行くときも、わたしは災いを恐れない。
あなたがわたしと共にいてくださる。
あなたの鞭(むち)、あなたの杖、それがわたしを力づける。
わたしを苦しめる者を前にしても、あなたはわたしに食卓を整えてくださる。
わたしの頭に香油を注ぎ、わたしの杯を溢れさせてくださる。
命のある限り、恵みと慈しみはいつもわたしを追う。
主の家にわたしは帰り、生涯、そこにとどまるであろう。

日本では、動物園にでもいかないと羊を見かけることはありませんが、当時のイスラエルでは、羊の群れを導く羊飼いの姿は日常に見られる光景でした。イエスも、羊と羊飼いのたとえをいくつも使って、神さまや自分について語っています（ルカ15・1－7、ヨハ10・1－18など参照）。神さまは、あたかも百匹の羊の世話をする羊飼いのようだ、と言われます。羊飼いは、その一匹が群れから迷いでたら、他の九十九匹を野原においても、迷い出た羊を探しにいきます。そして、見つけたら、その羊を肩にかついで帰り、友だちを集めて祝います。そのように、「悔い改める一人の罪びとについては、悔い改める必要のない九十九人の正しい人についてよりも大きな喜びが天にある」（ルカ15・7）とイエスは語っています。わたしたちは、自分がその迷い出た羊のような存在であること、神さまがわたしたち一人ひとりを心にかけてくださっていることを思いおこしましょう。

この詩編は高田三郎先生によって作曲され、「典礼聖歌」の一つとして愛されています。歌になっていると、その歌詞は自然に覚えられますし、一人のとき、この詩編を口にするか、歌うかすれば、とても大きな慰めになります。

わたしは、山歩きが好きで、一人で山にいくとき、よく詩編で祈ります。詩編34も好きな詩編の一つですが、この詩騙の一部が典礼聖歌にされて、「主を仰ぎ見て」と題されています。とくに3節と5節が好きなので、典礼聖歌（128番）から引用します。歌いやすいように、邦訳が聖書のそれと異なっていますが、内容は変わりません。

主は貧しい者の叫びを聞き、悩みの中からすくいだし、主をおそれる者に使いをおくり、支えとなって守ってくださる……

主のまなざしは正しいひとに、耳は彼らのさけびに、主は正しい人の声を聞き、悩みの中から救ってくださる。（詩34・3、5）

わたしは若いときは高い山に登りましたが、加齢とともに里山をほっつき歩くようになりました。山口教会に勤めていたころは、すぐ近くに蕎麦ガ岳（そばがだけ）という山があって、時間のゆるすときにはよく出かけました。登山口に車をとめると、すぐ美しい谷川沿いの道があり、頂上は眺めがよく、三時間くらいを山の中で過ごすことができました。ところが、あるとき、十二月の始めでしたが、登山口に大きな看板が立てられていて、数日前に親子の熊が目撃された、という警報が出ていました。まさか熊が同じ場所にいつまでもいるわけはないと思うものの、熊よけの鈴をもっていなかったので、人間がいるというしるしに、大きな声で歌いながら登りました。そういうときも、詩編は助けになります。詩編のほかにも、聖書には多くの詩歌が記されています（出15・1－18、イザ5・1－7、26・7－19、42・10－13など）。これらはすべて、信仰者が神さまに向かって祈った祈りで、聖霊の導きのもとに、数百年にわたって人々に祈られ、伝えられてきただけに、わたしたちの信仰を呼びさます力をもっています。自分の心を表現するのがへたなわたしたちは、それらの詩歌を唱えることによって、わたしたち自身の祈りに代えてささげることができます。

2　福音の歌

新約聖書の中には、当時の教会で歌われていた詩や祈りがあって、教会の歴史の中で作曲され、有名になったものもあります。たぶん、もっともよく知られ、たくさんの作曲がなされているのは、ルカ福音書にある「マリアの賛歌」と「ザカリアの賛歌」でしょう。マリアの賛歌は、ルカ福音書の著者が旧約聖書のあちこちから言葉をつむぎ合わせて記しているものですが、天使ガブリエルから受胎告知を受けたマリアが親族のエリサベトを訪ねたときに語ったとされる、神さまへの美しい賛美の言葉です。

「わたしの魂は主をあがめ、
わたしの霊は救い主である神を喜びたたえます。
身分の低い、この主のはしためにも
　目を留めてくださったからです。
今から後、いつの世の人も
　わたしを幸いな者と言うでしょう、
力ある方が、
　わたしに偉大なことをなさいましたから。
その御名は尊く、
その憐れみは代々に限りなく、
主を畏れる者に及びます。
主はその腕で力を振るい、
思い上がる者を打ち散らし、

権力ある者をその座から引き降ろし、
身分の低い者を高く上げ、
飢えた人を良い物で満たし、
富める者を空腹のまま追い返されます。
その僕（しもべ）イスラエルを受け入れて、
憐れみをお忘れになりません、
わたしたちの先祖におっしゃったとおり、
アブラハムとその子孫に対してとこしえに」（ルカ1・47－55）。

この賛歌だけでなく、聖書には「魂」という言葉がよく出てきますが、これは人間の思いや意志の中枢を指している言葉で、『教会の祈り』では「わたし」と訳されています。また、「霊」という言葉のほうは、いろいろな用法があるのですが、ここでは「魂」と同じように、自分の知性や意志や情緒を含む心のいちばん奥深い所を指しています。『教会の祈り』では、「こころ」と訳されています。

当時のユダヤでは、女性が結婚するのは十四歳から十五歳くらいでしたから、ここではうら若いマリアが、神さまから特別に召されて、救い主の母親になる使命を受けたという神秘を前に、ひたすら自分自身の貧しさを意識しつつ、神さまの偉大なはからいを讃えています。世の思い高ぶる者、権力者や富者は、この小さい者の喜びを知ることはないでしょう。

この賛歌は、原文はギリシア語ですが、ラテン語に訳されたとき冒頭の言葉で「マグニフィカト」と言われることから、その名で知られていて、多くの賛美歌が作曲されています。聖職者や修道者が唱える聖務日課『教会の祈り』の「晩の祈り」では、毎日必ずこれが唱えられるか、歌われます。ベネディクト会やカルメル会などの観想修道会では、美しく歌われるので、その時間に合わせて祈りに参加させていただくとよいと思います。

もう一つの「ザカリアの賛歌」も、やはりルカ福音書の著者がユダヤ教の伝統の中から言葉を集めて編集したものです。洗礼者ヨハネが生まれたとき、それまで不信仰の罪で口が聞けなかった父ザカリアが、聖霊に満たされ、預言して語ったとされる言葉です。これも、ラテン語で「ベネディクトゥス」と呼ばれ、必ず『教会の祈り』の中で、毎日の「朝の祈り」で唱えられるか、歌われる賛歌です。

「ほめたたえよ、イスラエルの神である主を。
主はその民を訪れて解放し、
われらのために救いの角を、
僕ダビデの家から起こされた。
昔から聖なる預言者たちの口を通して
　語られたとおりに。
それは、我らの敵、
すべて我らを憎む者の手からの救い。
主は我らの先祖を憐れみ、
その聖なる契約を覚えていてくださる。
これは我らの父アブラハムに立てられた誓い。
こうして我らは、
敵の手から救われ、
恐れなく主に仕える、
生涯、主の御前に清く正しく。

幼子よ、おまえはいと高き方の預言者と呼ばれる。
主に先立って行き、その道を整え、
主の民に罪の赦しによる救いを
知らせるからである。
これは我らの神の憐れみの心による。
この憐れみによって、
　高い所からあけぼのの光が我らを訪れ、
暗闇と死の陰に座している者たちを照らし、
我らの歩みを平和の道に導く」（ルカ1・68－79）。

この賛歌の前半では、イスラエルの苦難の歴史を通じて約束されていた救い主の到来を喜び、神さまの導きと約束への忠実を讃えています。「救いの角」とは、猛牛の角から取られたイメージで、「力強い救い主」を意味しています。そして後半では、生まれた子が救い主に先立って、その道を準備することを言い、これが闇の世にもたらされた光であると讃えます。

72節と78節で「神の憐れみ」に言及されますが、「ヨハネ」という名はヘブライ語の「ヨハナーン」（神は憐れみ深い）から取られています。また、78節で「あけぼのの光が我らを訪れ」と言われますが、イエスが両親によって神殿にささげられたときの話で、シメオンという預言者がうたった賛美の歌でも、「異邦人を照らす啓示の光」（ルカ2・32）と述べられています。これは、イザヤ書にある「主のしもべの歌」で、「わたしはあなたを国々の光とし、わたしの救いを地の果てまで、もたらす者とする」（イザ49・6）という言葉を思いおこさせます。

これらの詩歌は、福音書の著者が伝承に基づいて手を加えたものでしょう。そのほかにも、パウロの手紙などでは、原始教会で歌われていたと推測されるものが引用されることがあります。キリストの受難について、パウロがフィリピの信徒への手紙で伝えている次の賛歌は、今日でも作曲され、聖金曜日の典礼の中で歌われています。

「キリストは、神の身分でありながら、神と等しい者であることに固執しようとは思わず、かえって自分を無にして、僕の身分になり、人間と同じ者になられました。人間の姿で現れ、へりくだって、死に至るまで、それも十字架の死に至るまで従順でした。このため、神はキリストを高く上げ、あらゆる名にまさる名をお与えになりました。こうして、天上のもの、地上のもの、地下のものがすべて、イエスの御名にひざまずき、すべての舌が、『イエス・キリストは主である』と公に宣べて、父である神をたたえるのです」（フィリ2・6－11）。

このように、新約聖書の中にも、わたしたちがそれを口祷として用いることのできる箇所がいくつかあります。個人として唱えることも、共同体で共唱したり、歌ったりすることができます。

ちなみに、日本聖書協会が発行している新共同訳聖書では、新約聖書の後に百五十の詩編が収録されて一冊になっているものがあります。これは、たとえば一人で旅に出るとき、車中で聖書をひもといて祈るために便利です。詩編と組み合わせて、新約聖書の好きな箇所を読んで黙想することができます。

第五章　「主の祈り」

先に、聖書によって祈る口祷について学び、詩編や福音の歌などを取りあげました。しかし、口祷の中でもっともよく祈られるのは、何と言っても「主の祈り」でしょう。それは、主イエスが自ら弟子たちに教えられた祈りですから、キリスト教の教会では教派によらず、いちばん大切にされている祈りです。「主の祈り」は、子どものときからまっさきに覚える祈りですし、信者の集会などで祈りをささげるときも必ず唱えられます。この祈りは、福音の心髄を要約している、とも言われています。

まず、現在の日本のカトリック教会で唱えられている「主の祈り」を見ましょう。

天におられるわたしたちの父よ、
み名が聖とされますように。
み国がきますように。
み心が天に行われるとおり、地にも行われますように。
わたしたちの日ごとの糧を、今日もお与えください。
わたしたちの罪をお赦しください。わたしたちも人を赦します。
わたしたちを誘惑に陥らせず、悪からお救いください。

「主の祈り」については、たくさんのすぐれた書物が書かれています。思いつくだけでも、カルロ・マリティーニ著『イエスの教えてくれた祈り』（教友社）、クラウス・リーゼンフーバー著『われらの父よ』（教文館）、教皇フランシスコ著『十戒・主の祈り』（カトリック中央協議会）など、ぜひお読みになってください。わたしも、『生涯学習のためのキリスト論』の第五章で取りあげました。繰り返しになりますが、その中からおよそ祈りにとって大切なことを改めて強調したいと思います。

1　わたしたちの父よ

「主の祈り」を伝えているのは、マタイ福音書（6・9－13）とルカ福音書（11・2－4）です。教会の伝統で用いられている「主の祈り」は、大部分がマタイ福音書の伝える祈りから取られていますが、ルカ福音書の伝える簡潔な祈りのほうが、主イエスの教えた原初の祈りに近いのではないか、と言われます。そこで、ルカの伝える祈りも見ておきましょう。

「父よ、御名が崇(あが)められますように。御国が来ますように。わたしたちに必要な糧を毎日与えてください。わたしたちの罪を赦してください、わたしたちも自分に負い目のある人を皆赦しますから。わたしたちを誘惑に遭わせないでください」（ルカ11・2－4）。

教会で使われている「主の祈り」は、マタイ福音書の伝える祈りの言葉、「天におられるわたしたちの父よ」で始まります。ところがルカでは、「父よ」という、ごく単純な呼びかけで始まります。荘厳な呼びかけのほうは、マタイの共同体に伝わっていたユダヤ教の祈りの伝統から付加されたものでしょう。しかし主イエス自身は、むしろルカが伝えるように、「父よ」と呼びかけることを教えた、と推測されます。しかもそれは、おそらく当時のユダヤ人の日常用語だったアラマイ語の「アッバ」という言葉であったでしょう。「アッバ」は、「お父さん」とか「パパ」のように、家族の中で子どもが自分の父親を呼ぶ言葉でした。この言葉は、マルコ福音書の中でも、イエスが死を前にしてゲツセマネの園で祈った言葉として伝えられています。「アッバ、父よ、あなたは何でもおできになります。この杯をわたしから取りのけてください」(マコ14・36)。また、新約聖書の中ではパウロが、ローマやガラテヤの教会に宛てた手紙の中でこの言葉を引用しています。「神が、『アッバ、父よ』と叫ぶ御子の霊を、わたしたちの心に送ってくださった」(ガラ4・6)。「この霊によってわたしたちは、『アッバ、父よ』と呼ぶ」(ロマ8・15)。

当時のユダヤ人たちは、神さまに向かって「アッバ」というような慣れ親しい言葉で呼びかけることはしなかった、と言われます。それで、「アッバ」という言葉は、イエスが祈りに用いたユニークな言葉であり、イエスの「肉声」と呼ばれています。主イエスは、あたかも幼子が父親を呼ぶように、愛と信頼をこめて神さまを呼んでいたし、弟子たちにもそのように呼ぶように教えました。神さまは、ちょうど小さい子どもに呼ばれた父親が喜んでその願いを聞くように、ご自分に信頼して祈る信仰者をけっしてお見捨てになりません。この信仰をもって祈ることが何よりも大切なことです。

いっぽう、マタイ福音書が伝える「主の祈り」では、「父よ」だけでなく、「わたしたちの父よ」と呼びかけます。「わたしたちの」と付けくわえることによって、これを唱えるわたしたちが皆、父である神さまの子どもであり、互いに兄弟姉妹なのだ、ということを思いおこします。このことも、忘れてはいけないことです。あちこちで民族紛争や戦争が行われている現代世界で、たとえ民族や国が違っても、同じ一人の神さまによって造られたわたしたちは皆、兄弟姉妹なのですから、自分の民族、自分の国だけの利益を考えるのではなく、考え方や生活習慣の違いを越えて、互いに認めあい、赦しあい、助けあうことを神さまはお望みになります。

2 御名が聖とされますように

「主の祈り」で最初にくるのは、「御名が聖とされますように」という祈りです。実は、「聖とする」という言葉は日本語にないので、「主の祈り」を口語に改訂するときには、いろいろ議論がありました。「聖とされますように」は、原文のギリシア語からの直訳です。いっぽう、新共同訳聖書では、「御名が崇められますように」と訳されています。そもそも聖書を日本語に翻訳するときには、日本語にない概念をどの言葉で表現するかがいつも問題になるのですが、現在のカトリック教会では、この直訳を公的な「主の祈り」に用いて、信者がそれに少しずつ慣れるように定めています。

そもそも神さまは聖なる方であり、あらゆる聖性の源である力です。そして、「名」は、その名によって呼ばれる実体を指し示しています。したがって、この祈りは「すべての人が神さまを聖なる方として崇めるようになるように」という祈りです。しかも、原文のギリシア語では、「聖とされますように」と、受動形の命令形です。「聖とする」主体は神さまご自身であって、神さまが「ご自分の聖なる御名を現し、すべての人がその御名を崇めるようにしてください」、というニュアンスです。

この言葉をもってわたしたちは、自分のための望みや願いをおいて、何よりもまず神さまをたたえ、神さまご自身が御名を聖なるものとして世界に輝かせてくださるようにと祈るのです。この祈りは、マタイとルカが共通して伝えています。

3　御国がきますように

そして、「御国がきますように」という祈りが続きます。これも、マタイとルカが共通して伝えている言葉です。「御国」とは、主イエスが生涯をかけて追い求めた「神の国」のことです。神の国とは、人々が悪の力への隷属から解放され、神さまの愛と慈しみがあらゆる人と社会を統べ治める世界のことです。世のすべての人が神さまを崇め、神さまの御心を中心にして生きるときに、初めて世界は真の平和と喜びで満たされるでしょう。民族間の争いや戦争が絶えない世界で、わたしたちは神の国の実現を待ちわびています。主イエスの到来をとおして、今はまだ萌芽(ほうが)にすぎないとしても、それがすでに始まっていて、少しずつ成長していることを信じて、「御国がきますように」と祈るのです。

マタイが伝える「御心が天に行われるとおり、地にも行われますように」という言葉は、ルカにはありません。しかし、内容から言えば、「御国がきますように」という言葉に内包されていると言ってよいでしょう。マタイではこれをより明確にして、神さまのご意志が、神さまの領域である「天」だけでなく、わたしたち人間の領域である「地」にも行われるようにと祈ります。

神さまのご意志が行われることのみを望むということは、自分のことを中心にしがちなわたしたちには、やさしいことではありません。イエス自身、ゲツセマネの園で、できれば自分が受けようとしている苦しみと死を避けたかったのです。マルコ福音書は、次のように伝えています。

少し進んで行って地面にひれ伏し、できることなら、この苦しみの時が自分から過ぎ去るようにと祈り、こう言われた。「アッバ、父よ、あなたは何でもおできになります。この杯をわたしから取りのけてください。しかし、わたしが願うことではなく、御心に適うことが行われますように」（マコ14・35－36）。

「この苦しみの時が自分から過ぎ去るように」との願いは、イエスにとって悪魔の最後の誘惑だったのでしょう。それでもイエスは、「わたしが願うことではなく、御心に適うことが行われますように」と祈りました。わたしたちが、どうしても避けることのできない試練を前にしたとき、そこから逃れることばかり願うのではなく、主イエスに従って、父なる神さまの御心が行われることを祈ることができますように。

4　日ごとの糧

「主の祈り」では、神さまの御心が行われるように祈った後に、初めてわたしたち自身のために、生きていく上で必要な「糧」を与えてくださるように祈ります。「わたしたちの日ごとの糧を、今日もお与えください」。マタイとルカとは、少し文言が違いますが、同じ内容の祈りです。「糧」とは、まずは食べ物を指していますが、もちろん人間は食べ物だけで生きているわけではありません。生きるために、衣服が必要ですし、住居も必要です。それだけではなく、「日ごとの糧」とは家族や友人たちとの交わり、健康や教養や仕事や社会の組織など、人間らしく生きるために必要なすべてのことがらを指しています。

その際に、自分が生きるために必要なことがらを祈り求めるだけでなく、それらを欠いている貧しい人々のために祈ることも忘れてはなりません。神さまがお望みなのは、わたしたちが互いに兄弟姉妹として、いただいた恵みを分かちあうことだからです。世界の多くの地で、地震や津波、干ばつや森林火災などの災害、民族の抗争や戦争によって家族も故郷も失った難民たちが、毎日の生活の糧にも飢えています。このことを思うとき、「わたしたちの日ごとの糧」への祈りは一層深刻なものになります。

5 罪の赦し

生きるために必要な糧を祈ったのち、わたしたちは神さまからいただいた恵みにじゅうぶんに応えていない、自分自身の内的な欠乏を振りかえります。ルカでは、「わたしたちの罪をお赦しくださ い」と伝えられ、マタイでは、わたしたちの「負い目」を赦してくださいと伝えられていますが、内容は同じでしょう。すなわち、わたしたちが自分の生き方を顧みるとき、神さまよりも自分を中心にして、自分の欲求、好み、意志を優先させていることに気づきます。それが罪であり、神さまへの負い目です。神さまの愛を受けるために造られた人間が、その愛を拒み、自分を生き方の中心に据えるとき、それが罪です。

けれども、神さまに自分の罪を赦していただこうと願うなら、自分に対して悪や無礼を行う他者を赦すべきであることは当然でしょう。神さまは、わたしたちがまず互いに赦しあうことを望んでおられるからです。マタイ福音書では「主の祈り」の直後に、次のような主の言葉が続きます。

「もし人の過ちを赦すなら、あなたがたの天の父もあなたがたの過ちをお赦しになる。しかし、もし人を赦さないなら、あなたがたの父もあなたがたの過ちをお赦しにならない」（マタ6・14－15）。

このことは、仲間を赦さない家来のたとえでも、当然のこととして求められています

（マタ18・21－35参照）。

　ところが、これは人によっては、深刻な問題となるかもしれません。というのも、ときどき「あの人だけは赦せない」と言う人もいるからです。家庭内暴力や性的虐待によって深く傷つけられた人は、それを思いだすたびに、怒りや憎しみが心に沸きあがってきます。さらに、「人を赦せないから、キリスト教の信者にはなれない」と言う人もいます。

　しかし、人を赦すことができなければ、その人は一生のあいだ幸せになれないでしょう。だから、人を赦すことが難しければ難しいほど、神さまの特別の恵みを願わなければなりません。それは自分の力でできることではないからです。

　神さまの恵みは、不可能なことを可能にするものです。恵みさえいただけば、どんなにひどい仕打ちをした人に対しても、赦すことができるようになります。だから、「主の祈り」を唱えるときは、まず罪深い自分自身が神から赦されるように願うこと、同時に自分も人を赦そうと決心すること、そして、それができるように神さまの助けを願うことが必要です。

　ところで、教会の公的な「主の祈り」で、「わたしたちの罪をお赦しください、わたしたちも人を赦します」という部分は、マタイ福音書からではなく、ルカ福音書から取られています。マタイでは「わたしたちも自分に負い目のある人を赦しましたように」と過去形で言われるため、あたかも自分の善行の報いとして赦しを願うかのように誤解されやすいからです。しかし、過去にせよ、現在にせよ、わたしたちが互いに赦しあうことができるとすれば、それはまず先に神から赦しをいただき、その恵みによって可能になるのです。

6　誘惑

「主の祈り」の最後は、「わたしたちを誘惑に陥らせず、悪からお救いください」という祈りです。ルカでは、「悪よりお救いください」の部分がありませんが、それは「誘惑に陥らせず」という言葉の中に内包されているからでしょう。

「誘惑」とは、わたしたちの世界に働く悪の力が、さまざまな手段を用いてわたしたちを神さまから離反させようとする試みのことです。わたしたちは弱い者で、つい自分の中にある欲望に引きずられてしまいます。悪の力はそこに働きかけて、罪を犯させます。

福音書には、主イエスさえ、宣教活動の始めに悪魔の誘惑に遭ったと記されています（マコ1・12－13）。マタイとルカは、三つの誘惑を詳しく描いています（マタ4・1－11、ルカ4・1－13）。たぶんその三つは、原始教会の中でひんぱんに経験される誘惑だったのでしょう。

その一つは、「石をパンに変えよ」という、神さまから与えられた力を自分の望みのために使う誘惑です。もう一つは、「神殿から飛びおりてみよ」という、神さまへの信頼を乱用する誘惑です。そして、もう一つは、富と名誉のために悪魔に仕えよという、悪魔の本性をむき出しにした誘惑です。だれも意識的に悪魔に仕えようとする者はいないかもしれませんが、自分が生きていく上で富や名誉を最大の価値として追い求めるなら、それは悪魔に仕えることです。

弱いわたしたちは、自分の力ではそのような誘惑に打ち勝つことができません。だから誘惑に陥ることのないように、ひたすら神さまのご加護をお願いするのです。

「悪からお救いください」という祈りで、「悪」とは世の中に働いている恐ろしい悪の力と理解してよいと思います。先に紹介したカルロ・マルティーニ枢機卿の書では、とくに社会や文化の中に働いている構造的な悪、人種差別や紛争のことが指摘されています。

7　三位一体の構造

最後に、「主の祈り」がどのような構造をもっているのかについて、理解しておきましょう。この祈りが「主の祈り」と呼ばれるゆえんは、ただ主イエスが教えてくださった祈りだから、というだけではありません。実は、この祈りをわたしたちが唱えるとき、聖霊による一致のうちに、わたしたちの只中におられる復活の主キリストが父なる神に向かって祈っておられ、わたしたちはその祈りに参与させていただくのです。そこには、父と子と聖霊という三位一体の構造があります。

もちろん「主の祈り」には、イエスの名も、聖霊の名もでてきません。だからユダヤ教の人も、イスラム教の人も、これをすばらしい内容の祈りと認めることができるでしょう。だれにでも祈ることのできる祈りです。しかし、実は「主の祈り」には、その文面にはない構造があります。主イエス・キリストがわたしたちの中におられ、聖霊の交わりの中でわたしたちと一緒に祈ってくださるのです。いや、イエスが父に向かって祈る、その祈りに、わたしたちが参与させていただくのです。

「主の祈り」は福音の神髄をまとめていますから、個人の念祷として、ひとこと、ひとことを味わい、黙想するのもいいでしょう。しかしまた、共同体が一緒に集まるとき、「主の祈り」をともに唱えるなら、わたしたちは主イエスを中心とした「キリストの体」としてこれを祈ります。ともに父なる神さまに向かって「父よ」と呼びかけ、そのことを通してわたしたちが互いに兄弟姉妹であることを告白します。さらにまた、すべての人類が神さまによって造られた兄弟姉妹であることを思い起こして、諸民族の和解と平和のために祈るのです。

第六章　聖霊の働き

先に、主イエスが教えた「主の祈り」の意味や構造を学びました。この祈りを唱えるとき、わたしたちは聖霊によって主イエスと結ばれ、主とともに父なる神に祈ることを見ました。この構造は、ただ「主の祈り」だけにとどまりません。聖霊の働きは、およそキリスト者のすべての祈りと働きにとって鍵となるものです。ここで改めて、聖霊はいつ、どこで、どのように働くのかを考えましょう。

1　聖霊とは何か

最近、ある学校の高校生のために、カトリック教会の歴史と現況についてお話しするように頼まれました。わたしは、教会が聖霊によって導かれているということを、さまざまな例をあげて話しました。数日後に、生徒たちの感想文を送っていただいたのですが、わたしが話した「聖霊」について、ほとんどの生徒が「精霊」と書いていました。字が違うだけならよいのですが、話の内容は、正しく伝わったのでしょうか。

聖書を日本語に翻訳するときの問題ですが、聖書にある概念が日本語になければ、類似の言葉を用いてこれを表現しなければなりません。しかし、その言葉を用いるやいなや、それを聞く人はその語のもともと持っていた意味で理解してしまいます。「霊」という言葉を用いると、どうしても日本に従来からある精霊とか、守護霊とか、亡霊など、オカルト的なイメージで理解されがちです。

他の機会にも見たことですが、旧約聖書で言われる「霊」もしくは「聖霊」（ヘブライ語の「ルアーハ」は、「息吹」、あるいは「風」という意味です。風は目に見えませんが、ときには樹木を倒したり、海ではおおしけを起こすほどの力をもちます。逆に、暑い日にそよそよと頬に感じられる涼しい風は、人には慰めです。きっと古代イスラエルの人たちは、風を神さまの息吹として理解したのでしょう。目に見えない神さまの働きを、ルアーハという言葉で表現しました。

『創世記』では、次のように言われています。「初めに、神は天地を創造された。地は混沌であって、闇が深淵の面にあり、神の霊が水の面を動いていた」（創1・1－2）。ここで「神の霊」と邦訳されている箇所は、「神の息吹」と訳することも可能です。詩編には、「御言葉によって天は造られ、主の口の息吹によって天の万象は造られた」（詩33・6）とも歌われます。この「息吹」の原語は、やはり「霊」と同じ言葉です。ここでは霊は、すべてのものをお造りになる神さまの創造の働きを指しています。とくに神の霊は、森羅万象にいのちを与える力として理解されています（詩146・4、エゼ37・5－6など）。

さらに、神の霊は預言者たちに神の言葉を悟らせ（イザ42・1、エゼ2・2など）、あるいは王に使命を遂行させる力を与えるもの（サム上10・6、16・13など）と理解されています。イザヤ書では、「エッサイの株からひとつの芽が萌えいで、その根からひとつの若枝が育ち、その上に主の霊がとどまる。知恵と識別の霊、思慮と勇気の霊、主を知り、畏れ敬う霊」（イザ11・1－2）と言われています。また、詩編作者は次のように歌っています。「神よ、わたしの内に清い心を創造し、新しく確かな霊を授けてください。御前からわたしを退けず、あなたの聖なる霊を取り上げないでください。御救いの喜びを再びわたしに味わわせ、自由の霊によって支えてください」（詩51・12－14）。つまり、聖霊は人の心を新たにし、喜びを与える働きと信じられています。

新約聖書では、「霊」はギリシア語の「プネウマ」という言葉で表現されています。しかし、ギリシア世界ではプネウマはさまざまな意味で使われていましたから、新約聖書の著者たちも、これを多様な意味で使っています。そこで、新約の諸文書で使われている「霊」の意味は、文脈に応じて理解しなければなりません。ここでは、わたしたちの中で働く神さまの働きとしての「霊」に注目しましょう。

主イエス御自身が聖霊によって処女マリアに宿り（ルカ1・35、マタ1・18）、聖霊に導かれて宣教活動を開始し（マコ1・12）、聖霊によって力ある業を行いました（マコ3・29、マタ12・28）。さらに、主イエスが父なる神さまの御心に従って受難と死を耐え、復活させられたのも聖霊の力によってです（ロマ8・11参照）。そして、弟子たちが復活された主キリストから聖霊を与えられ（ヨハ20・21－23）、世界に派遣されます。弟子たちにイエスの言葉を思い出させ（ヨハ14・26、15・26－27）、これを人々に伝える力を与えるのは、聖霊の働きです（ヨハ16・13－14、ルカ12・11－12、21・15）。

使徒言行録では、五旬祭の日に集まった使徒たちに聖霊が下り、彼らが力と勇気をもって主イエスの復活を告げ、弟子たちの共同体（原始の教会）が生まれるさまが描かれています（使2・1－47）。さらに聖霊の働きは、使徒たちに世界にキリストの福音を告げさせます。

聖霊は主キリストの死と復活を通して与えられた、わたしたちを神の子とする働きです。これは、パウロによって次のように表現されています。

「もし、イエスを死者の中から復活させた方の霊が、あなたがたの内に宿っているなら、キリストを死者の中から復活させた方は、あなたがたの内に宿っているその霊によって、あなたがたの死ぬはずの体をも生かしてくださるでしょう……あなたがたは、人を奴隷として再び恐れに陥れる霊ではなく、神の子とする霊を受けたのです。この霊によってわたしたちは、「アッバ、父よ」と呼ぶのです。」（ロマ8・11、15）。

聖霊は、主キリストの死と復活を通して与えられ、わたしたちを神の子とする霊です。聖霊は、わたしたちを主キリストと結び、これを通して互いに結ぶ働きをします。そしてまた、キリストの福音を伝えるために、わたしたちを世に遣わす力でもあります。聖霊が与えられているということと、復活の主キリストがいつもわたしたちとともにいてくださるということとは、実質的には同じことを言っています。洗礼者ヨハネはイエスを証しして、「わたしは水であなたたちに洗礼を授けたが、その方は聖霊で洗礼をお授けになる」（マコ1・8）と言ったと伝えられています。

2 「聖霊による洗礼」

「聖霊による洗礼」とは、イエスの名によって授けられる洗礼が神の子とする霊を与える、という意味です。もともと「洗礼」は、全身を水につける儀礼でしたから、「水による洗礼」が水の中に沈められるように、「聖霊による洗礼」は、聖霊の息吹の中に沈められること、聖霊の愛といのちに包まれることです。わたしたちは聖霊の充満の中にひたされて、主キリストのものとされます。

こうして洗礼を受けたキリスト者は、主キリストと結ばれて、大祭司キリストの祭司職にも参与します。祭司職とは、神さまと人間とを仲介する役割です。主キリストがわたしたちの真ん中にいて、神さまの前でわたしたちのために取りなしてくださるように、わたしたちも主キリストとともに、世の人々のために祈ります。とくに、まだ神さまのことを知らない人々のために、この兄弟姉妹たちが早く神さまの愛に目覚め、その聖なる御名をあがめるようになることを祈ります。

わたしたちは、しばしば祈りに疲れ、情熱も冷め、力を失いがちですが、そういうときには聖霊に祈りましょう。聖霊がわたしたちの心に光をもたらし、神さまの愛を深く悟ることができますように。そして、再び愛を燃えたたせてくださるように。人々のための祈りや奉仕の業を、義務だからと歯をくいしばってするのではなく、明るく、喜びをもって行うことができますように。

わたしが子どものころは、堅信の準備のために、いわゆる「公教要理」で、聖霊の七つの賜物を覚えさせられました。それは、「上智、聡明、賢慮、勇気、知識、孝愛、主への畏敬」（『カトリック教会のカテキズム』1831）ですが、無理に覚えておくよりも、自分にとっていちばん大切と思うものを特別にお願いするといいと思います。また、パウロは聖霊の実として、愛、喜び、平和、寛容、親切、善意、誠実、柔和、節制と、九つを挙げています（ガラ5・22）。

3 日常生活での聖霊の働き

教会の歴史の中では、ときどき聖霊の恵みとして特別の霊感や熱狂的な情熱などが強調されることがあります。パウロの手紙や『使徒言行録』にも見られるように、集会での祈りで「異言」を語るという現象は当初からあったようです（一コリ12・4－11、使10・44－46など）。現代でも、「聖霊運動」とか「ペンテコスタル・ムーヴメント」とか呼ばれる熱心なグループがあります。そのような信心や活動は、人によっては自分の信仰を深めるために助けとなるでしょう。

しかし、聖霊の恵みは、そのような特殊な経験に限られるものではありません。第二バチカン公会議の前後に活躍した神学者カール・ラーナーは、聖霊の恵みはわたしたちが日常生活の中で神さまと出会うことだ、と言っています（『神学ダイジェスト』55号 カール・ラーナー「霊の体験」参照）。たとえば、自分が日々、一生懸命に取り組んでいる仕事であっても、能力や体力の限界を痛感させられるときがあります。そのようなときでも、まわりの人々の善意に支えられ、自分がただ神さまによって生かされている存在にすぎないことをわきまえること、それは聖霊の導きです。あるいはまた、迷いや混乱によって、自分の人生の歩みがどこに向かっているのか、わからなくなってしまうときもあるかもしれません。そのようなときでも、神さまにすべてを委ね、あえて先に向かうこと、それは聖霊の導きです。

あるいは、毎日の平凡な営みの中で、他の人から努力や働きを認められなくても、自分のすべきことを黙々として行うこと。人からぶしつけな振る舞いを受けても、それを黙って受けとめ、赦すこと。情緒的な喜びが感じられなくても、身近の人への愛のわざに励むこと。自分の心身に衰えを感じ、病におかされがちになるときも、キリストの苦しみと死を思い、復活への希望を新たにすること。それは、聖霊の導きです。

後に「霊の識別」を取りあげるときに説明しますが、人から侮辱されたり、不当な扱いを受けたり、悪口を言われたりしたときに、主キリストが最期の受難に際して蔑まれ、卑しめられたことを思って、何も逆らったり言い訳をしたりせず耐えるとします。そのとき主の辱めをともにするという喜びがあれば、信仰以外には何も人間的な喜びはありませんから、それは聖霊からくるというしるしです。

このような体験はみな、はっきり意識してもしなくても、神との出会いのできごとであり、言葉を換えれば、日常を貫く聖霊の働きを経験することにほかなりません。聖霊は、いわばわたしたちの慣れきった、しばしば疲弊した日常生活のもやの中に射し込む、一筋の澄みきった光のようなものです。わたしたちの周りのよどんだ空気の中に吹き込まれ、新鮮な血のめぐりを回復し、新たな一歩への力と勇気を与える、清らかないのちの息吹です。

4 聖霊の続唱

聖霊の助けを願う祈りは、古来たくさんありますが、その中から一つ、聖霊降臨祭のミサで唱えられる「続唱」を取りあげましょう。それは、念祷にも口祷にも用いることのできる、すばらしい祈りです。

「続唱」では、いろいろな呼称を使って聖霊に呼びかけています。その中で、「慰めぬし」という言葉があります。これは、ヨハネ福音書で主イエスが聖霊を送る約束をする箇所（ヨハ14・15－17、26、15・26－27、16・7－15）で言われる、原語のギリシア語で「パラクレートス」と呼ばれる言葉に基づきます。この言葉は、当時の法廷で被告人を弁護する者として使われたので、弟子たちが迫害を受け、訴えられるときに聖霊が助けるという意味で、ふつうには「弁護者」と訳されています。同時に、この言葉の語源の動詞「パラカレオー」には「慰める、励ます」という意味もあるので、「慰めぬし」とも理解されます。しばしば教会の伝統では、わたしたちが憂いに沈むときに聖霊が慰めてくださると信じられ、祈りの中に「慰めぬし」と呼ばれるのです。

聖霊の続唱は、高田三郎先生の作曲になる典礼聖歌（352番）の一つとしても親しまれています。一度のミサの中だけで歌われるのでは、あまりにもったいないので、身近な所において、しばしば唱え、黙想するとよいと思います。ここでは、より正確な意味を知るために、原文のラテン語から私訳を記しておきます。

聖霊よ、来てください。
あなたの光の輝きでわたしたちを照らしてください。
貧しい人々の父、恵みの与えぬし、心の光よ、来てください。
あなたはまことの慰めぬし、わたしたちのやさしい友、
心にやすらぎをもたらすかたです。
あなたはわたしたちが疲れたときには憩いを、
暑さにあえぐときには涼しさを、
憂いに沈むときには慰めを与えるかたです。
ああ、聖なる光よ、
あなたを信じる者の心をくまなく照らしてください。
あなたの助けがなければ、人には何もなく、ただ害あるものばかりです。
わたしたちの汚れたところを清め、
すさんだところをうるおし、

傷ついたところを癒やしてください。
わたしたちの頑(かたく)なところをやわらげ、
冷えたところを暖め、
曲がったところを直してください。
あなたにより頼むわたしたちに、天の賜物を授けてください。
聖霊よ、わたしたちによいわざを行わせ、
救いの道を無事に歩ませ、
永遠の喜びを与えてください。
アーメン。

第七章　霊の識別

先に、「聖霊」とは何なのか、また聖霊はいつ、どこで働くのかを学びました。これに続いて、日常の祈りと生活の中で聖霊の導きをどのように見分けるか、という問題を考えましょう。このことは、キリスト者が神さまの御心にかなう生活をするため、そして霊性に成長するために、とても大切なことです。

1 何かを決断するとき

わたしたちは皆、人生のいろいろな場面で大きな決断をしなければならないことがあります。たとえば、自分や家族のだれかが進路を決めるときなどは、その一例です。どの学校、どの就職先を選ぶか。結婚を決断するか、独身のままでいるか。神父になるか、シスターになるかなど。あるいは、もっと日常の小さな事柄では、たとえば何かのスポーツを始めるか、趣味のサークルに加わるか、教会や地域社会で何かの活動グループに参加するか、あるいは自分が呼びかけて新しく活動を起こすか、などを決断するときもあります。そのようなとき、キリスト者としてどのように考え、どのように決定すればよいのでしょうか。どのような決断が、神さまに喜んでいただけるのでしょうか。

福音書の中で、イエスが何度か決断を迫られる場面があります。その一つは、腹心の弟子たちの選びです。

イエスが山に登って、これと思う人々を呼び寄せられると、彼らはそばに集まって来た。そこで、十二人を任命し、使徒と名付けられた。彼らを自分のそばに置くため、また、派遣して宣教させ、悪霊を追い出す権能を持たせるためであった。こうして十二人を任命された（マコ3・13－16）。

イエスにとって十二人の選びは、神の国の宣教のために大切でした。「十二人」は、神の民イスラエルを再興するために、イスラエルの十二部族を象徴する者たちでした。だれを選ぶかを決めるために、イエスは山に登り、神さまの前でよく考えました。ルカ福音書では、マルコの叙述を言いなおして「祈るために山に行き、神に祈って夜を明かされた」（6・12）と述べています。

同じように、キリスト者が何か重大な決断をするときには、神さまの前に自分を置いて、聖霊の導きを祈り、静かに考えることが大切です。もちろん、家族や友人に相談することも必要になるでしょうが、キリスト者が物事を決める基準は、ただ常識や経験だけによるのではありません。いちばんの基準は、何が神さまの御心にかなうか、ということです。だから、自分の中にあれこれと思い浮かぶ考えについて、しっかり吟味して、何がいちばん神さまに喜んでいただけるかを考えるのです。これについて、ロヨラの聖イグナチオが『霊操』の中で詳しく述べています。それによれば、神さまの御心にかなっているかどうかを知るには、心の中の「なぐさめ」と「すさみ」が手がかりになります。「なぐさめ」と「すさみ」の動きによって、聖霊の導きがどこにあるかを判断するのです。これを次に見てみましょう。

2 祈りの中での「なぐさめ」と「すさみ」

まず、祈りの中に起こる「なぐさめ」と「すさみ」とは、いったい何でしょうか。聖イグナチオは次のように説明しています。「なぐさめ」とは、「霊魂のうちに内的な動きが引き起こされ、それで霊魂が創造主への愛に燃えあがり、もはや地上の被造物は創造主においてしか愛することができない状態……霊魂に静けさと平和を与え、天上のものと自分の救いへ呼びよせる希望・信仰・愛の増大、あらゆる内的喜び」です（『霊操』316）。ここで言われる「地上の被造物」とは、自分のもつ財産であれ、仕事であれ、地位であれ、環境であれ、自分が好み、心を引かれる何かを指します。それが好きだということ自体は、けっして悪いことではありません。けれども、それに執着するときに問題が起こります。聖イグナチオが考えの基本に据えるのは、自分がそもそも神さまによって造られたのは何のためか、ということです。『霊操』の始めには、次のようにうたわれます。「人間が造られたのは、主なる神を賛美し、敬い、仕えるためであり、こうすることによって自分の霊魂を救うためである」（『霊操』23）。つまり、自分に与えられた能力や健康、時間も仕事も、人との交わりも、すべて神さまが与えてくださった恵みですが、それらはすべて人間が造られた目的のための手段として与えられています。手段と目的とを混同してはなりません。「地上の被造物を愛する」ときにも、そのもの自体を目的にしてはなりません。神さまへの愛に燃える者は、そもそも自分が造られた目的を目指すのに助けになるか、あるいは妨げになるかを考えるのです。それで、地上の被造物はどんなにすばらしい恵みであっても、神さまを基準にしてしか愛することができなくなります。このように心が神さまへの愛に燃えることを、「なぐさめ」と呼びます。

反対に「すさみ」とは、先に見た「なぐさめ」と逆のものです。聖イグナチオの説明によれば、「霊的な暗さと乱れ、現世的なものへの動き、不信へと駆りたてる種々の乱れや誘惑からの不安。希望も愛もなく、霊魂がものうく、なまぬるく、もの悲しくなってしまい、創造主から切り離されたように感じる状態」です（『霊操』317）。祈りの中で、何も喜びがなく、むしろ退屈になり、早く祈りの時間を切りあげたくなるとき、それも一種の「すさみ」でしょう。

聖イグナチオは十六世紀の人で、深くキリスト教の伝統に生きていた人ですから、人間に働きかける悪の力を「悪魔」とか、「敵」とか、ごく自然に呼んでいます。概して「なぐさめ」は聖霊から、「すさみ」は悪魔からくる、と考えています。もちろん悪の力がわたしたちの心にも、社会の構造の中にも働いていることは事実ですが、今日のわたしたちが気をつけなければいけないのは、現代社会では精神的に病んでいる人も少なくないので、災難や不幸なできごとを即座に悪魔の仕業のように考えてはならない、ということです。聖イグナチオは、霊操をする人が精神的に健全な状況を保っていることを前提にして語っています。

3　「なぐさめ」と「すさみ」の原因と対処

さらに、聖イグナチオは、「なぐさめ」と「すさみ」の原因と、これに対する対処の仕方を説明しています。「罪を重ねる人には、その悪徳と罪を続けさせるために、悪魔は快楽を目の前に浮かべさせ、感覚的な楽しみや快楽を想像させる」のが常套手段です（『霊操』314）。これに対して聖霊は、罪を重ねる人には良心のとがめを感じさせます。逆に、「神への奉仕に進んでいる人には、悪魔は悲しませ、妨げをおいて進歩しないように、根拠のない理屈で心を乱す」のが常套手段です（『霊操』315）。これに対して聖霊は、さまざまな乱れと誘いに抵抗するため、必要な支えを与えます。

実は「すさみ」を体験すること自体は、けっして悪いことではありません。むしろ、「すさみ」の体験は、わたしたちがより一層深く主と結ばれるための機会になります。聖イグナチオは、次のように述べています。わたしたちがすさみに陥るときの主な理由は、

①霊的な務めになまぬるくなり、それを怠り、なおざりにするため。

②わたしたちがそれほどの慰めや豊かな恵みなしにも、どの程度神への奉仕と賛美に励

むことができるかを、神が試されるため。
③霊的な信心や熱心が自分によるのではなく、すべて主なる神の賜物であるという理解と知識を神がお与えになるため」（『霊操』322）。

ここでも言われるように、神さまはわたしたちの信仰の成長のために、ときには悪魔の誘惑にさらされるのをお許しになります。ちょうど子どもたちが、いつも過保護に守られているのではなく、ときには危険なことを体験して強くなっていくように、わたしたちも悪魔の誘惑を体験して、神さまの恵みの尊さを知るようになります。

しばしば神さまは、祈りの初心者には心に喜びを与えてくださいます。それは、喜んで祈るようになるためです。しかし、少し祈りに進んだ人は、かえって何も感動しなくなったり、退屈になったりします。それは、ちょうど小さい子には親はやわらかい食べ物を与え、大きくなるにつれて固い食べ物を与えるように、神さまは祈り始めた人には甘い食べ物を与えてくださって、その人は喜んで祈ります。しかし、それはよく考えてみると、自分が喜びを感じるから祈るという、たぶんに自己中心の祈りの段階です。かえって祈りに喜びが感じられなくなったり、「すさみ」を体験するときには、むしろ自分の満足のためではなく、神さまへの無私の愛から祈ることを学びます。

そこで、聖イグナチオは、「すさみ」のときには、これまで行ってきたことや、「なぐさめ」のときに決めたことを、絶対に変更してはいけない、神さまが悪魔に抵抗するために十分な恵みを与えてくださることを信頼して、勇気をもって耐え、務めに励むこと（『霊操』318－319）、逆に、「なぐさめ」のときには、恵みや慰めのないときにどれほど自分が無力になるかを考えて、その時のために新たな力を身につけておくことを勧めています（『霊操』324）。

4　決定のプロセス

さて、何か重大な決定をするときには、聖イグナチオが勧めていることを見ておきましょう。まず決定しなければならない対象を目の前において、祈りの中で、自分が造られた目的のために何が役だつかを静かに考えること。次に、自分が正しく考え、神さまの御心にかなう決断ができるように、聖霊の助けを願うこと。考えの中で、疑うことのできないような深い「なぐさめ」があれば、それは聖霊が導いてくださっていることのしるしです。

その「なぐさめ」をそれほど確かに確認できないときには、決定する事柄の選択肢を冷静に比べて、それぞれの長短を書き出してみることもよいでしょう。これを、経験のある人に相談することもよいでしょう。とにかく、聖霊の助けを祈り続けることが大切です。神さまはきっと、答えを与えてくださいます。

聖イグナチオは、これを修道生活か結婚生活かというような、根本的な人生の岐路で、自分の歩むべき道を決定するために書きました。たとえば若き学生であったフランシスコ・ザビエルは、聖イグナチオの指導のもとに霊操を行って、それまで目指していた学問での出世の道を捨て、同志たちとともにイエズス会を結成したのち、宣教師となって日本までやってきました。しかし、わたしたちの多くの者はすでに人生の半ばを過ぎていて、今さら根本的に道を選びなおすことはできないでしょう。むしろ、その決定のプロセスを日常での小さな決断の場に適用することのほうが多いと思います。

こうして祈りの中で考えて、「なぐさめ」と「すさみ」を通して聖霊の導きがどこにあるかを知ることができます。あとは、それに従うことです。最後に決定を下し、それを神さまにおささげし、実行に移します（『霊操』178－188参照）。

決定したことを実行した後で、その結果を振り返ってみることが大切です。それが神さまの御心にかなっているときには、心に深い喜び、先に見た「なぐさめ」がともないます。

福音書にも、イエスの言葉として次のように伝えられています。

「すべて良い木は良い実を結び、悪い木は悪い実を結ぶ。良い木が悪い実を結ぶことはなく、また、悪い木が良い実を結ぶこともできない……このように、あなたがたはその実で彼らを見分ける」（マタ7・17－18、20）。

悪魔はわたしたちをたぶらかすために、光の天使の装いをすることがあるから、気をつけなければなりません。初めは信心深い霊魂にくみし、よい考え、聖なる考えをもってくるけれども、後でしだいにそこから離れ、隠された悪だくみと邪念へと引き寄せようとします。考えの経路をふりかえることが必要です。しだいに横道にそらし、霊魂を弱め、不安にさせ、平和と安らぎと静けさを奪うなら、それは悪魔からくるのです（『霊操』332－334参照）。

ときどき教会の中で見られることなのですが、仲のよい有志たちで何かの活動を始め、初めのうちはうまくいっているものの、しばらくするとグループの中で意見の食い違いなどが起こって、互いに不平を言いあい、ついには分裂してしまうことがあります。分裂は、それぞれのエゴからくるものであって、けっして聖霊の導きではありません。どんなに華々しい活動でも、教会の中に分裂を起こすなら、それは悪魔の尻尾です。

このように聖霊の導きを求めつつ決断することは、個人としても共同体としても、とてもだいじなことです。聖霊の導きを求めることが習慣になれば、キリスト者の生き方はどんどん成長するでしょう。それは、必ず世のための福音の証しとなるでしょう。

第八章　教会の祈りへの参加

先に、日常の祈りと生活の中で聖霊の導きをどのように見分けるか、という問題を考えました。今回は、わたしたちがどのように教会の祈りの伝統から学び、また世界の教会との一致のうちに祈るか、ということを考えましょう。ここでは三つのことを取りあげます。その1は教会の典礼の暦、その2は『教会の祈り』、その3は秘跡です。

1　典礼暦に合わせた祈り

ご存じのように、教会は主の降誕と主の復活との二つの大祝日を中心にして、「典礼暦」という一年を周期とする特別の暦をもっています。これは、キリストによる救いのできごとを一年かけて祝い、信仰を深めるためのもので、①待降節→②降誕節→③年間（前半）→④四旬節→⑤聖なる過越の三日間→⑥復活節→⑦年間（後半）とめぐります。毎年めぐってきますから、「もう待降節か……」と、年月の経つのに驚きますが、他方ではわたしたち自身は心も体も変わっていきますから、けっしていつも同じことの繰り返しではありません。ちょうど螺旋（らせん）階段を上っていくように、毎年キリストの救いの神秘を新しく体験します。加齢とともに初めて理解できることも多々あります。

さて、主の降誕は十二月二十五日と定められていますが、それに先立つ四週間が主の降誕を待ち望む季節で、「待降節」と呼ばれます（祭服は紫）。降誕祭の後は、主の降誕を祝う季節で、元日をはさんで、主の洗礼の祝日までが「降誕節」と呼ばれます（祭服は白）。復活祭の前の四十日間が「四旬節」と呼ばれて、とくに主の受難をしのび、主の復活を待ち望む季節です（祭服の色は紫）。四旬節の後は、聖なる過越の三日間で、聖木曜日は主の晩餐の夕べのミサ（祭服は白）、聖金曜日は主の受難（祭服は赤）、聖土曜日は復活徹夜祭（祭服は白）と続き、主

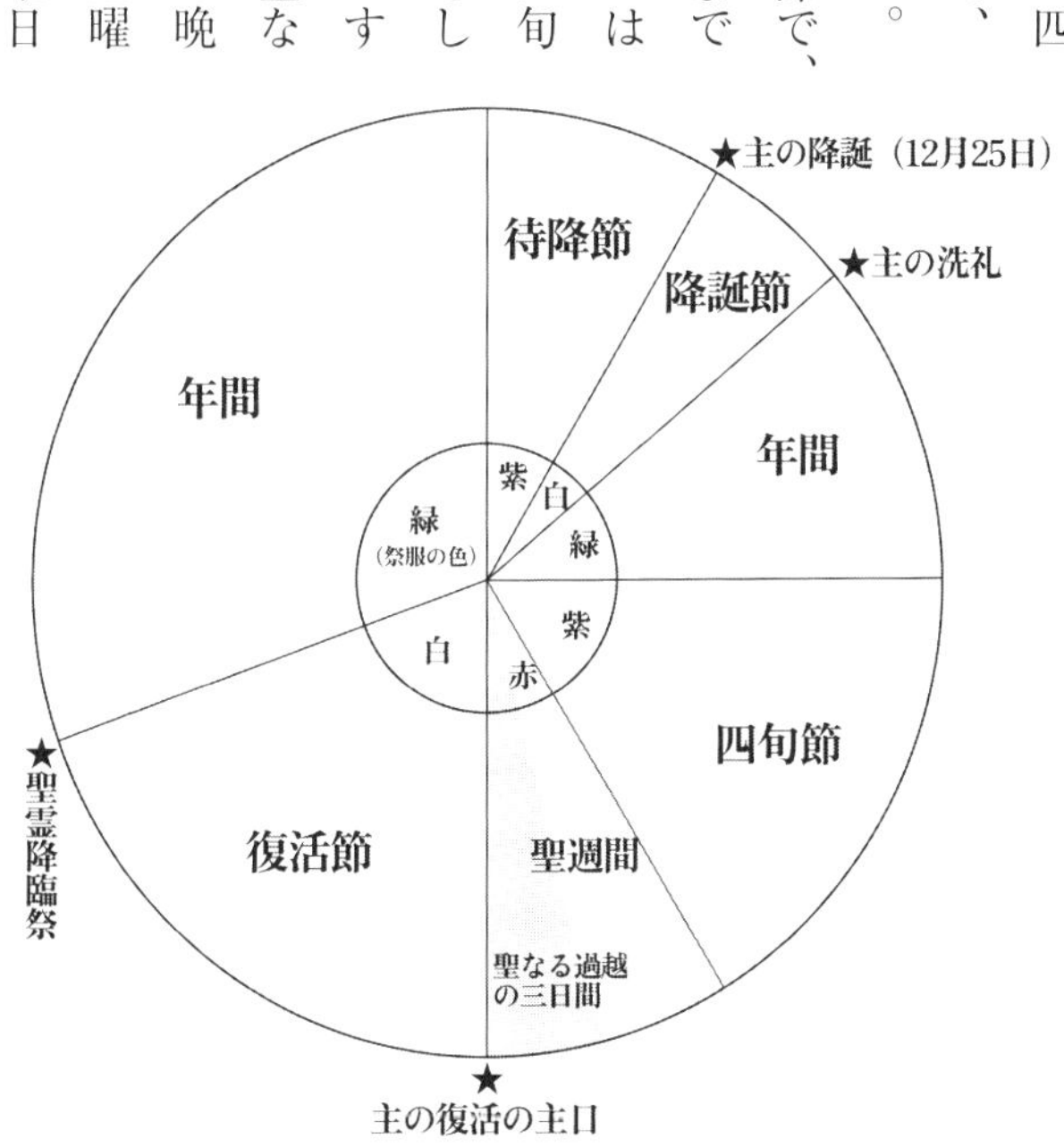

の復活の主日を迎えます。

復活祭は三二五年のニケア公会議で、「春分の日の次の満月の後の日曜日」と定められましたが、一般の暦の上では毎年その日が移動します。これは、日本では学校や仕事場の年度末と年度始に重なって、困ることがしばしばです。わたしの勤めていた大学では、入学の祝いに聖金曜日（主の受難の日で、断食が勧められている）が重なって、カトリック学生や教員は信仰のつつしみと学校の行事の騒ぎとの板挟みになることがありました。近年では、世界中で復活祭の日を固定させ、教派を越えて共通に祝うことが提案されてはいますが、たくさんの教派に分かれている現在のキリスト教世界では、その実現は簡単にはいかないでしょう。

復活祭の後の五十日間は「復活節」という季節（祭服は白）で、その最後が「聖霊降臨祭」（祭服は赤）です。これらの特別の季節以外の三十三ないし三十四週は、「年間」と呼ばれて、祭服の色は希望を表す緑です。

典礼暦には、このような特別の「季節」と「年間」と並行して、聖母マリアや聖人たちの祝日が定められています。それは、生涯を信仰に生きた先輩たちを思いおこすとともに、世にあるわたしたちのために祈っていただくためのよい機会です。自分や友人たちの洗礼名の聖人の祝日を覚えていて、互いに「おめでとう」と声をかけるのも、一つの兄弟愛のしるしです。

とくに典礼暦の「季節」には、毎日のミサの朗読に固有の聖書箇所が定められています。先に述べたように、毎日、少しずつ聖書を読み黙想する習慣をもつ人には、ミサの朗読箇所を黙想の題材に選ぶとよいと思います。そうすれば、季節に合わせて、主キリストの受肉、死と復活の神秘を黙想することができますし、全世界の教会と心を合わせて祈ることにもなります。

わたし自身は、司祭として、毎日のミサのために説教を準備しています。信者さんたちに少しでも祈りの助けにしてもらいたいからですが、日によってはミサに定められた聖書箇所が祈りのテーマにしにくいとか、説教しにくいこともあります。それでも、そういう箇所こそ新たな勉強の機会ですし、また新たな発見もあります。それを書いた著者たちが何を伝えたかったのだろう、著者たちはどんな状況に置かれていたのだろう、などと推測するのは、わかりにくい箇所を理解するために役にたちます。

〈十字架の道行の祈り〉

ここで、とりわけ四旬節にふさわしい祈りの仕方、「十字架の道行」を見ておきましょう。これは、主イエスのご受難を黙想するための十五のテーマで、備えられている聖画もしくは聖像を巡りながら唱える祈りです。カトリック教会では、各地の教会や修道院の聖堂の壁に、主のご受難に関する十五の画像が掛けられています。広い庭のある所では、特別の道の脇に建てられた画像をたどりながら、個人でもグループでも、黙想することができます。もともとは、かつて主イエスが総督ピラトによって十字架刑を宣告され、十字架を担って歩まれた道とされる、エルサレムのアントニア城跡からゴルゴタの丘のあった聖墳墓教会までを、巡礼者たちが祈りながらたどったことに始まります。一つひとつの「留（りゅう）」と呼ばれる立ち留まり場所にいくたびに、その場の主イエスの苦しみを思い起こし、祈りをささげます。最後の第十五留は、主が復活させられ、父の栄光にあげられたことを思いおこして終わります。

　もちろん、それぞれの留に合わせて自由に黙想してもかまいませんが、手軽な手引きがあると、グループで巡るときなどには便利です。わたしが勤めている下関の教会では、四旬節の金曜日にはミサのあとに、皆で十字架の道行を祈る習慣があります。そのときには、『聖母とともにする十字架の道行き』（女子パウロ会）を使っています。

　十字架の道行きは、四旬節でなくても、主のご受難を黙想するために、とてもすぐれた方法です。つい数カ月前のことですが、近くのお寺の住職と、その日曜学校の小学生たち三十名ほどが、キリスト教の勉強のために聖堂の見学にこられました。その際に、壁に掛けられている十字架の道行きの画像に興味をもたれたので、わたしは一つひとつを説明してまわりました。聖書を読まなくても、主イエスがどのように苦しみ、どのように亡くなられたかを知るために役立つものと思います。

2　『教会の祈り』を用いた祈り

ここで言う『教会の祈り』とは、聖職者や修道者が毎日唱える聖務日課のことです。すでに使徒たちの時代に、ユダヤ教の伝統に従って、決まった時間に信徒たちが集まって祈る習慣がありました。当時は日の出から日没までを十二等分して、三時（現在の午前九時ごろ）、六時（現在の昼十二時ごろ）、九時（現在の午後三時ごろ）と呼んでいました。季節によって日の出と日没は多少異なりますが、日時計を使って時刻を知りました。『使徒言行録』には、弟子たちを中心としたキリスト者の共同体が、決まった時刻に集まって祈る姿が描かれています。たとえば聖霊降臨の時には、イエスの命じたとおり、弟子たちが一緒に祈っており、物音を聞いて集まってきた群衆にペトロが説教して、「今は朝九時ですから、この人たちはあなたがたが考えているように、酒に酔っているのではありません」（使2・15）と言っています。この「九時」は、現代の時間に合わせて訳されているのですが、原文のギリシア語では「三時」です。また、「ペトロは祈るために屋上に上がった。十二時ごろである」（使10・9）と記されています（原文では「六時」）。さらに、ペトロとヨハネが、午後三時の祈りの時に神殿に上って行った」（使3・1）と述べられます（原文では「九時」）。この原始教会いらいの習慣は、その後も教会の中に継承され、決まった時刻に集まって祈る集会と式次第が整えられていきました。これが「時課の典礼」で、第二バチカン公会議の典礼改革で、新たな改編がなされて、今日に至っています。日本では『教会の祈り』という表題で出版されています。『教会の祈り』の書物では、聖務日課の中心的な部分が収録されています。

現在でも、観想修道会では夜中から明け方、日中、日暮れまで、決まった時刻に共同体が集まって祈る伝統を守っています。聖ベネディクトの起こしたベネディクト会の系列の修道院、たとえば日本で知られているトラピスト修道院では、朝課、三時課、六時課、九時課、晩課、終課を共唱しています。「祈り、働け」というモットーのもとに、昼の間は修道院の広大な敷地内で農作や牧畜にたずさわり、時刻になると聖堂に集まって、時課をささげます。多くの修道院では、一般の信徒の参加が許されていますから、機会があったらぜひ訪ねてみてください。修道者たちの心のこもった、美しい歌声に、心が癒やされます。

一日の決まった時刻に祈りをささげることは、一般社会で生活している信徒には至難の業でしょう。それで、『教会の祈り』の要約版として、『朝晩の祈り』が刊行されています。これは、朝課と晩課だけを載せているもので、それも四週のサイクルである『教会の祈り』を、一週間分にまとめています。信徒が個人で祈るためにも、研修会や黙想会などで一緒に祈るためにも便利です。旅にも手軽にもっていけて、列車の中とか、ホテルの寝室でとか、これを使って祈ると、全世界の教会と心を合わせて祈ることができます。

朝課も晩課も、一つの賛歌をもって始まり、日曜から土曜まで割りあてられた三つの詩編を祈り、短い聖書朗読の後、朝には福音の歌としてザカリアの賛歌（ルカ1・68－79）を、晩にはマリアの賛歌（ルカ1・47－55）を祈り、共同祈願を唱えて、最後は「主の祈り」で終わります。

3 秘跡とわたしたちの祈り

先に見た教会の暦も、『教会の祈り』も、一年を周期にして主キリストの救いの神秘を黙想する助けとなりますが、季節と関係なく、教会とともに祈るためのもう一つの助けを考えておきましょう。それは、教会に伝えられている七つの秘跡です。

秘跡とは、古代からの定義によれば、「目に見えない恵みを目に見える形で効果的にもたらすしるし」と言われます。その中心になるのは「洗礼」と『聖体』の二つです。これについては、他の機会に述べたので（『生涯学習のための教会論』参照）、ここでは秘跡とわたしたちの祈りとのかかわりという観点から、いくつかの実践的な事柄を見ておきましょう。

①主日のミサ

ミサ（主の晩餐）の祭儀が、教会そのものの姿を目に見える形でもっとも鮮明に表現していることは言うまでもありません。それは、まさに「キリストのおん体」をともにいただき、信仰者の共同体がより一層「キリストの体」となっていく秘跡です。ミサは、わたしたちの祈りの生活の源泉であり、原動力となるものです。

ミサは世界中のカトリック教会で毎日ささげられていますが、一般の信徒にとって毎日のミサに参加することは、そう簡単なことではないでしょう。けれども、日曜日のミサを大切にして、そこで一週間の力をいただくことにしましょう。日本では、主日のミサと主の降誕祭のミサ、元日の「神の母聖マリア」のミサが、「とうとい大切な務め」とされています。体の不調や特別の事情がないかぎり、この務めをできるだけ他の用事に優先して守りましょう。

ミサに慣れてくると、どうしてもマンネリになりがちですが、どのようにすればミサに行動的に参加することができるでしょうか。ミサが義務だからと、しぶしぶ行くのではなく、自分のためであれ、家族や友人のためであれ、特別に神さまにお願いしたいことをはっきり意識して、意気込みと希望をもって出かけることをお勧めします。また、「聖書と典礼」というパンフを前もって読み、ミサの中で朗読される聖書や共同祈願を通して、その日のテーマをはっきりさせておくことも助けになります。そして、たとえ司式する司祭の説教が下手であっても、弱い人間を通じて神さまが与えてくださる希望のメッセージをそこに聞きとるように努めましょう。

もしできるなら、恥ずかしがらず、ミサの中で仕える侍者や朗読者や共同祈願などの役割を進んで引き受けると、ミサの意味をもっと深く理解できるようになります。

信仰は個人の問題だと決めつけて、ミサに参加していても、他の人にはまったく関心をもたない、というのは正しくありません。ミサは、主キリストが呼び集めてくださった食卓であり、わたしたちが神さまの家族の一員として一緒に食事をするということを思い起こしましょう。ですから、ミサに参加するときには、たとえ相手を知らなくても、「おはようございます」の挨拶は必ずすることにしましょう。

②聖体

そして、ミサの中で聖別される主のおん体、聖体は、主イエスが弱いわたしたちのために残してくださった最大の贈り物です。それをいただくことで、主イエスがわたしたちのためにいのちを差しだしてくださったこと、今もわたしたちの心と体の糧としてご自分を与えてくださっていることを思い起こしましょう。ご聖体を拝領して、わたしたちも、主に従って、世の人々の救いのために自分を差しだす勇気を与えられます。自分の日々の務めが苦しいときも、体が不調なときも、ご聖体はわたしたちを力づけてくださいます。

したがって、病気の人、お年寄りで教会にこれない人たちを訪問して、ご聖体をもっていってあげることは、すぐれた隣人愛の行為です。主任司祭にお願いすれば「ピクシス」とよばれるふたのついた器に、必要なご聖体を入れてくださるでしょう。こうしてわたしたちが、ともに「キリストの体」であり、一つの神さまの家族であることを証しします。

何かの苦しい事情があるとき、悲しいできごとに遭遇したとき、教会を訪ねて、ご聖体の前で祈ることも忘れないようにしましょう。主キリストは目に見える形でわたしたちの中に生きておられ、わたしたちに勇気と力を与えてくださいます。

ご聖体を拝領した後、あるいは聖体訪問をした時などに唱えるために、わたしの好きな祈りの一つである「キリストに向かう祈り」を記しておきます。聖フランシスコ・ザビエルが好んだ祈りとも言われています。

キリストのおん魂、わたしを聖化し、
キリストのおん体、わたしを救い、
キリストのおん血、わたしを酔わせ、
キリストのおん脇腹の水、わたしを清め、

キリストのご受難、わたしを強めてください。
いつくしみ深いイエスよ、
わたしの願いを聞きいれてください。
おん傷のうちにわたしを隠し、
あなたから離れることをゆるさず、
悪魔のわなから守ってください。
死を迎えるときにわたしを招き、
みもとにくるように命じてください。
聖人たちとともに、いつまでもあなたをたたえることができますように。

「キリストのおん魂」という言葉で始まりますが、先に「魂」（たましい）もしくは「霊魂」（れいこん）について説明したように、それは知・情・意の主体であり人格である人間の心のいちばん奥深くにある中心を指しています。主キリストのおん魂が、わたしの魂を神さまにささげられたものとしてくださるように、との祈りです。そして、「魂」を言えば、その対になる「体」が連想されます。ここでは、十字架に付けられ、わたしのために命をささげられた主キリストのおん体が、わたしを罪の支配と闇から救ってくださるように祈ります。そして、「体」という言葉は、ミサの中での主キリストの奉献における「血」の杯を連想させます。ここでは、ぶどう酒の形色にありながら聖別され、聖なる変化を受けた主のおん血がわたしを酔わせ、他のいっさいを忘れて、ひたすら主キリストを愛するようになることを祈ります。そして、「おん脇腹の水」は、貫かれた主キリストの脇腹から「すぐ血と水が流れ出た」（ヨハ19・34）と言われるように、主のおん血が連想させる「水」が、わたしの自己中心の情熱を清め、純粋な無私の愛としてくださるように祈ります。最後に、これらのすべてを総括して、主のご受難が、世の批判を恐れたり、苦しみを避けたりする臆病で不徹底なわたしを強めてくださるように祈ります。

このように「キリストに向かう祈り」は、なかでも聖体の中にご自分をささげてくださる主キリストの愛を思う祈りですが、その後半は「おん傷のうちにわたしを隠し、あなたから離れることをゆるさないでください」と、主イエスとの一致をひたすら求め、臨終のときに栄光の主と諸聖人との喜びの出会いを憧れ、主イエスがそのときにわたしを招いてくださるように祈ります。

③ゆるしの秘跡

現代では、統計的に見て、教会の中で、ゆるしの秘跡があまり大切にされていないようです。しかし、教会の伝統では、この秘跡がカトリック信者の信仰生活に大きな役割を果たしてきましたし、たとえ時代と場所によって形式が変わることがあっても、その意義は変わりません。ゆるしの秘跡は、神さまの愛の秘跡です。わたしたちは、洗礼によってあらゆる罪のゆるしを受けますが、弱い肉の存在ですから、つい自分中心の考えや望みから、神さまの愛に背いてしまうことがあります。たとえ犯罪のような大きな罪を犯さなくても、冷たい心で人に接したり、助けを必要としている人を無視したり、なすべき務めを怠ったりすることがあります。

わたしたちは、神さまのことを思えば思うほど、自分がその愛に応えていないことに気づくものです。祈りを学び、神さまともっと親しい交わりをもちたいと願うとき、自分が罪びとであることに気づかされます。定期的にゆるしの秘跡を受けることは、そのようなわたしたちの信仰生活を助けてくれます。

聖イグナチオは『霊操』の中で、ゆるしの秘跡のための糾明の方法を説明しています（『霊操』43）。

（1）まず、いただいた神さまの恵みに感謝する。
（2）自分の罪を知る恵みを願う。
（3）時間を追って、自分が動いた場所を追って、仕事や接した人を追って、思い、言葉、行いを振り返る。
（4）自分の過失を赦してくださるように神さまに願う。
（5）神さまの恵みを頼りにして、改める決心をする。

人によっては、自分に合った聴罪司祭を見つけることがむずかしいかもしれません。しかし、ゆるしの秘跡はキリストから教会に委ねられた奉仕の務めですから、叙階を受け、教区長から権限を与えられた司祭ならだれでも有効に罪のゆるしを授けることができます。信仰生活と祈りを成長させるために、この秘跡を活用することができたら、どんなによいでしょう。

④病者の塗油

病者の塗油の秘跡は、すでに新約聖書に記されているように、教会の始めから大切にされてきました。『ヤコブの手紙』の中に次のように言われます。

あなたがたの中で病気の人は、教会の長老を招いて、主の名によってオリーブ油を塗り、祈ってもらいなさい。信仰に基づく祈りは、病人を救い、主がその人を起き上がらせてくださいます（ヤコ５・14－15）。

重い病気にかかったとき、全身麻酔を必要とする手術を受けるときなどに、司祭を呼んで病者の塗油を授けてもらうことを覚えておきましょう。弱い肉の存在であるわたしたちは、いつ死を迎えることになるか、わかりません。神さまはわたしたちが耐えられないような試練をお与えにならないと信じていますが、臨終のときにあまり苦しまないでよいように祈るのが本音です。しかし、この秘跡は、たとえ医学的に手の施しようがないような状況でも、信仰者を霊的に支えることのできる有効な手段です。そして、聖母マリアや諸聖人を始め、全教会の人々が一緒に祈ってくれていることを保証します。

病者の塗油の際に、ゆるしの秘跡、さらにご聖体の拝領ができればいちばんよいのですが、病状によっては許されません。ご聖体の小さなかけらさえ、飲み込めないかもしれません。しかし、塗油はどのような状況でも可能です。目に見える形で罪のゆるしと神の恵みをいただくことで、大きな慰めと力になります。

わたし自身も、これまでに二度、大きな手術を受ける前に、同僚の司祭に依頼して病者の塗油を授けてもらいました。また司祭として、しばしば病人の家族に呼ばれて、もう長くないと言われている方に病者の塗油を授けました。身動きができず、口のきけなくなってしまった人でさえ、この秘跡を受けて力づけられ、喜びをいっぱいに表し、元気を取りもどされたことが何度もありました。その意義を再認識して、自分のためにも人のためにも、この秘跡の授与を願うことを忘れないようにしましょう。

地域の教会によっては、敬老の日に合わせて、日曜日のミサの中で希望者に病者の塗油を授ける所があります。この秘跡は重篤な病の人のためですから、高齢者ならだれでも自由に受けてよい、というわけではありません。しかし、全身麻酔による大手術を控えている人や、苦しい闘病生活を長く続けている人がミサに参加できるなら、その機会に病者の塗油を受けるのはよいと思います。それによって、新たな力と勇気をいただきますから。

第九章　取りつぎの祈り

先に世界の教会との一致のうちに祈る、ということを学びましたが、教会との一致に関して見ておくべきことは、これと不可分である「聖徒の交わり」という信仰です。ここでは、まず聖徒の交わりと、そこから帰結される「取りつぎ」の祈りを取りあげましょう。

1 聖徒の交わり

「聖徒の交わり」については、いろいろな機会に説明したので、皆さんはよくご存じだと思いますが、改めて確認しておきましょう。「聖徒の交わり」という言葉は使徒信条に載っている信仰箇条の一つです。その「聖徒」とは、新約聖書でひんぱんに見られる「聖なる者」という言葉です。それは、いわゆる列聖された聖人のことではなくて、洗礼を受けてキリスト者になった者のことです。

パウロは、あちこちの教会の信徒に宛てて、「フィリピにいて、キリスト・イエスに結ばれているすべての聖なる者たち」（フィリ1・1）とか、「キリスト・イエスによって聖なる者とされた人々」（一コリ1・2）とか、「神に愛され、召されて聖なる者となったローマの人たち一同へ」（ロマ1・7）などと呼んでいます。また、エルサレムの貧しい信徒のための援助を呼びかけて、「聖なる者たちを助けるための慈善の業と奉仕」（一コリ８・４）、「聖なる者たちへの奉仕」（一コリ９・１）、「聖なる者たちに仕えるため」（ロマ15・25）などと言っています。

ちなみに「聖である」ことは、聖書ではもともと神さまの特性とされています。また、人が「聖とされる」ということは、「神さまにささげられる」という意味です。ヨハネ福音書で、受難を前にしたイエスの祈りの中で、「真理によって、彼らを聖なる者としてください」（ヨハ17・17）の「聖なるものとする」という言葉と、「彼らのために、わたしは自分自身をささげます」（同17・19）の「ささげる」という言葉とは、原語のギリシア語では同じ「ハギアゾー」という動詞です。

そして、「聖徒の交わり」とは、洗礼を受けて神さまにささげられた者となった人々が、互いに交わりをもつこと、すなわち、神さまからいただいた恵みを共有して、互いに一致し、支えあい、時間と空間の違いを超えて助けあうことを意味しています。「ヨハネの手紙」の冒頭では、「わたしたちが見、また聞いたことを、あなたがたにも伝えるのは、あなたがたもわたしたちとの交わりを持つようになるためです。わたしたちの交わりは、御父と御子イエス・キリストとの交わりです」（一ヨハ１・３）」と述べられています。「交わり」は、ギリシア語で「コイノーニア」（英語の「コミュニオン」）という言葉ですが、パウロはこの言葉をひんぱんに使っています。パウロはコリントの信徒に向けて書きます。「わたしたちが神を賛美する賛美の杯は、キリストの血にあずかることではないか。わたしたちが裂くパンは、キリストの体にあずかることではないか」（一コリ10・16）。これは新共同訳の訳者が意味を取って、「キリストの血にあずかる」「キリストの体にあずかる」と訳しているのですが、原文のギリシア語を直訳すると、「キリストの血の交わりではないか」「キリストの体の交わりではないか」という言葉です。

前章でミサについて考えたときにも触れましたが、わたしたちはミサの中で主キリストによって一つの食卓を囲むように招かれているのです。それは、ただ個人としてキリストのおん体をいただくだけではなく、「キリストの体の交わり」、すなわち、主のおん体をいただいて一つの体となる信仰者たちの交わりです。「パンは一つだから、わたしたちは大勢でも一つの体です。皆が一つのパンを分けて食べるからです」（一コリ10・17）。

当時パウロたちが祝っていたミサでは、一つの大きなパンを準備しておいて、これを分けあったようです。また、古代教会の典礼でも、一つのパンを使ったため、パンを分けるのに時間がかかるので、その間に「世の罪を取り除く神の小羊、慈しみをわたしたちに」

という連願を繰り返して歌い、最後に「平和をわたしたちに」で結んだようです。

こうしてパンの形色でご聖体をいただくときに、わたしたちは神さまの恵みを互いに分かちあう共同体となります。それは、信仰によって結ばれた神さまの家族だ、と言ってもよいでしょう。

2　取りつぎの祈り

ところで、家族が一緒に食事をするときには、用意された食べ物を皆で分かちあうように、喜びも悲しみも家族全員で分かちあうものです。たとえば誕生日を迎えた人がいたなら、皆が一緒にお祝いします。受験で苦労している人がいたなら、皆で心配し、その人を励まします。そのように、わたしたち教会の共同体も信仰によって結ばれた神さまの家族なのですから、互いの喜びと悲しみを共有して、助けあい、励ましあうことができたらどんなによいでしょう。とくに互いに祈りをもって支えあうことが、大切です。信仰によって結ばれた兄弟姉妹のためにお祈りすること、これが「取りつぎの祈り」と呼ばれるものです。

パウロもその手紙の中で、自分の創設した教会の人々のために祈っています（フィリ1・8－11など）。また、自分のために祈ってくれるように願っています（一テサ5・25、二コリ1・11、ロマ15・30－33など）。

とくに、病気で苦しんでいる人、問題をかかえて悩んでいる人、試練に遭遇している人のために祈ることは、わたしたちキリスト者の大切な務めです。わたしたちは、一人で信仰に導かれたのでもなく、一人で救われる者でもありません。だれかの仲介を通じて主キリストに出会ったのであり、信仰者の共同体として神の国に導かれるのです。

取りつぎの祈りは、相手がたとえ地球の裏側にいたとしても、その人のために祈ることはできます。もちろん、神さまはすべてをご存じですから、わたしたちが願う前からその人に必要なものを与えてくださるでしょう。でも、神さまはわたしたちが互いに助けあうことをお喜びになります。わたしたちが兄弟姉妹のために祈るときには、神さまはその祈りにご自身を結びつけられます。

ときには、わたしたちが祈っても、祈っても、聞きいれられない、と感じることがあるかもしれません。しかし、神さまは一人ひとりにとっていちばんよいことをご存じですから、たとえわたしたちの願いがすぐにかなえられないように思えても、神さまにすべてをお委ねすることが大切です。大きな目で見れば、一時の不幸がその人にとって恵みだった、とわかることがありますから。弱く、はかない肉の存在であるわたしたちには、神さまの永遠の計画を知ることはできません。それでも、神さまが必ずいちばんよいことをはからってくださいます。このことを信じて、祈り続けるのです。

しかも、聖徒の交わりは、現在生きているキリスト者の交わりにとどまりません。すでに亡くなって、神さまのみもとにいるわたしたちの家族、恩人、友人たちとの交わりでもあります。その人たちも、お祈りで助けてくれます。聖徒の交わりは、時間と空間を超えています。

わたしの家では五人兄弟でしたけれども、いちばん上の姉はアメリカにいて、五十歳になる前に交通事故で亡くなりました。もともと遠く離れて生活していましたから、亡くなってからも、お互いに祈るという感覚は少しも変わりませんでした。手紙も届くまで二週間近くかかりましたから、年に一度か二度しか手紙のやりとりをしなかったので、彼女が天国にいって、もっと近くなったような気さえしています。二人の子どもたちが残されて、わたしたち家族はとても心配していましたが、この二人はその後りっぱに成長して、一人前のお母さん、お父さんになりました。きっと天国から姉が守ったに違いない、と思います。

　逆に、亡くなった人々のために、わたしたちが祈ってあげなければならないこともあります。中世の教会では、「煉獄（れんごく）」というものを時間的、場所的に想像して、亡くなった人が天国に受けいれられる前に、一定の時間、生前の罪のために清めを受ける、と教えられていました。そして、「煉獄」にいる死者のために、わたしたちが代わりに償いの業を果たし、祈りで助けなければならない、と考えられていました。この「煉獄」がなくなったとは、教会は教えていません。しかし現代では、少し違った形で説明されます。人間に与えられている人生は一回限りのものです。死はその人生の終わりであり、神さまの前での決着ですから、死後にも続く悔い改めの時間や場所があるとは考えにくいのです。むしろ神さまの慈しみは、時間と空間を超えています。たとえ一瞬であったとしても、何らかの形でその人の罪と汚れを清め、傷を癒やしてくださるでしょう。このことを信じて、取りつぎの祈りによって、死者を神さまの慈しみにお委ねするのです。亡くなった家族や友人が神さまのもとで永遠の安息をいただくことができるように祈ること、葬儀のときも、命日にも、この人たちのために取りつぎの祈りをささげるのが、カトリック教会の伝統です。

3　諸聖人の取りつぎ

ところで、もともと「取りつぎ」という言葉も考えも、わたしたちの日常の経験から想像されたことです。子どもが何かを買ってもらいたいとき、厳しい父親に願う前に、やさしい母親に話して取りついでもらうなど、力や権限のある人に何かを願う前に、その人に親しい人に取りついでもらうのは日常の経験です。そこで、神さまにお祈りするときに、できるだけ神さまに近い人に「取りつぎの祈り」をお願いするのは、自然なことです。わたし自身は、何か特別な心配のあるときや、だれかが深刻な試練にあって、その人のために心を痛めているときには、近くにあるカルメル会の修道院にいって、シスター方にお祈りをお願いします。すると、シスター方はそのためにお祈りしてくださって、その祈りは神さまに聞きいれられることを何度も経験しました。

そして、神さまに近い人に取りついでいただくなら、天国にいる諸聖人はもっとふさわしいに違いありません。典礼暦に合わせた祈りで諸聖人の祝日についても触れましたが、カトリック教会には、自分の敬愛する聖人に祈るという伝統があります。また、日本では洗礼を受けるときに、「洗礼名」として、好きな聖人の名をいただく習慣があります。この聖人の取りつぎを願って祈っているうちに、少しずつ性格もその聖人に似てくると言われます。そうであれば、いいですね。何か困ったことがあるときには、「聖人の模範と取りつぎによって」願うのです。

洗礼名の聖人でなくても、アシジの聖フランシスコの祝日に、かわいがっているペットを教会に連れていって祝福していただく、という習慣のある教会もあります。聖フランシスコは、小鳥たちに説教したとか、狼を改心させたとかいう伝説があるからです。また、パドアの聖アントニオは、見失った物を探すときに祈ると「効果」があると伝えられています。わたしなどは、しょっちゅう物をなくすので、聖アントニオに取りつぎを願うのですが、そうすると不思議に見つかります。あまり迷信じみて、プロテスタントのキリスト者のつまずきとならないように気をつけなければなりませんが。

リジューの聖テレジアは、二十四歳でなくなったカルメル会のシスターですが、フランシスコ教皇もおっしゃっているように、彼女の取りつぎの祈りは特別の力があります（フランシスコ教皇使徒的勧告『信頼の道』参照）。わたし自身も、若くしてイエズス会の修練院に入ったとき、いわゆる「ノイローゼ」でしょうか、神経を痛めてしまって、眠れなく、食欲もなく、何にも集中できず、半年以上も苦しんだことがあります。修練長さまが心配してくださって、特別に修練の日課からはずれて、外の庭仕事をして過ごすように命じられました。どの医者にかかっても、生活環境を変えるように勧められました。ということは、修道生活はわたしには無理、ということになります。そのとき、リジューの聖テレジアの勧めが助けになりました。一人ひとりをかけがえのない子どもとして愛してくださってい る神さまに信頼して、自分では何もできないからこそ、すべてを神さまにお委ねする、という生き方です。神さまへの委託の道は、そのときのわたしを救い、わたしの人生に一つの転機をもたらしました。読書として、ぜひ『小さき聖テレジア自叙伝』（ドン・ボスコ社）をお勧めします。この本を読むと、小さい者であり続けた聖テレジアの生き方を通して、祈りとは何かを具体的に学びます。

4　聖母マリアの取りつぎ

「諸聖人の取りつぎ」を言うなら、その中でももっとも力強い仲介者は、何と言っても聖母マリアです。ときどきプロテスタントの兄弟姉妹から、「カトリックの人はマリアさまを女神のように拝んでいる」という誤解を受けます。それは、カトリック教会の行きすぎた信心に責任があるのでしょう。中世のカトリック教会では、神さまやイエスさまについて厳しいイメージがあったからか、やさしいマリアさまに取りつぎをお願いする、という傾向がありました。これに対して、十六世紀に起こった宗教改革の教会では、真の仲介者は主キリストのみだ、ということが強調されて、その結果、聖母マリアへの崇敬が軽んじられるようになりました。

しかし、すべてのキリスト者が信じている「聖徒の交わり」の信仰の中で、いわば神さまの家族の中の母親のような役割を果たすのが聖母マリアなのだと説明すれば、だれにでも納得してもらえるのではないでしょうか。家族の中で、母親は小さい子が「頭が痛い」と言えば、手をその子の額にあてて、熱があるかどうかを知ります。わたしは小さいときから胃が弱くて、いつも「お腹が痛い」と言っては、母に手をあててもらうと、安心して眠りました。そのように、わたしたちが病気のときや苦しいときに、聖母マリアの取りつぎを祈るのは、ごく自然な心情です。

ところで、カール・ラーナーという神学者は、第二バチカン公会議の前後に活躍して、現代のカトリック教会に大きな影響を与えた人ですが、わたしはドイツに留学していたとき、ラーナー先生と親しくしていただきました。わたしたち学生のために、週に一度、自由な質疑応答の時間を作ってくださって、ラーナー先生は机の上に腰かけて、足をぶらぶらさせながら、わたしたちの質問に答えてくれました。そのときに彼が語ったエピソードなのですが、あるときプロテスタントの神学者カール・バルトと対談する機会があったそうです。バルトは、『教会教義学』という著作で日本でもよく知られている人ですが、対談では、ラーナーが口火を切って質問しました。「わたしたちは日常で、病気の人や困っている人に、『あなたのために祈っています』と言うのですが、これは正しいでしょうか。」するとバルトは、ラーナーがここから聖母への信心を帰結したいのだろうと察して、答えました。「それは間違っていないけれども、もっと正確には、『あなたとともに祈っています』、と言うべきでしょう」。このエピソードを話して、ラーナー先生はわたしたち学生に、「それは同じことだ」と言いました。聖母マリアに、「わたしたちのために祈ってください」と言うのと、「わたしたちとともに祈ってください」と言うのとは同じことだ、と。

カトリック教会では、「主の祈り」の次によく唱えられるのが、「アヴェ・マリアの祈り」です。アヴェ・マリアの祈りは、さまざまな作曲もなされていて、よく知られていますが、次のような構成です。

アヴェ、マリア、恵みに満ちた方、主はあなたとともにおられます。
あなたは女のうちで祝福され、ご胎内のおん子イエスも祝福されています。
神の母聖マリア、わたしたち罪びとのために、今も死を迎えるときも、お祈りくださ
い。アーメン。

前半は、ルカ福音書から取られていて、天使ガブリエルがマリアに言ったあいさつの言葉（ルカ1・28）と、マリアが親類のエリサベトを訪問したときに、エリサベトが言った言葉（1・42）に「イエス」という名を添えたものです。後半は、後の教会が付け加えた祈りです。「神の母」と呼びかけますが、この称号は四三一年エフェゾ公会議で決められた「神である方を生んだ方」という意味です。「死を迎えるとき」は、人生の総決算の時であり、神さまのみ前に出る時ですから、およそ人生のいちばん大切な時であると同時に、凡人であるわたしたちにはいちばん無力で、やはり「こわい」時です。そういう時に、聖母マリアさまが傍らにいて、ともに祈ってくだされば心強いです。

〈お告げの祈り〉

カトリック教会の伝統では、すでに十三世紀頃から、毎日の決まった時間にアヴェ・マリアの祈りを唱える習慣が始まったと言われています。ミレーの名画「晩鐘」に描かれているように、遠くの教会から聞こえてくる「お告げの鐘」に、農夫が仕事の手を休めて祈っています。朝・昼・晩の三回、鐘が鳴らされ、信仰深い人々は起立して、次のように祈るのが常でした。

（先唱）主のみ使いのお告げを受けて、
（一同）マリアは聖霊によって神のおん子を宿された。
　　　　アヴェ、マリア……
（先唱）わたしは主のはしため、
（一同）お言葉どおりになりますように。
　　　　アヴェ、マリア……
（先唱）みことばは人となり、

（一同）わたしたちのうちに住まわれた。

　アヴェ、マリア……

（先唱）神の母、聖マリア、わたしたちのために祈ってください。

（一同）キリストの約束にかなう者となりますように。

（先唱）祈りましょう。

（一同）神よ、み使いのお告げによって、おん子が人となられたことを知ったわたしたちが、キリストの受難と十字架を通して、復活の栄光に達することができるよう、恵みを注いでください。わたしたちの主イエス・キリストによって。

　アーメン。


もう二十年前になりますが、わたしが初めてフィリピンにいったときのことです。デパートで買い物をしていたとき、お昼のお告げの鐘が鳴りました。すると、デパートの店員さんたちがいっせいに手を合わせて、お祈りをしたのにはびっくりしました。さすがにカトリックの国は違うと、感心させられました。

わたしが勤めている下関の長府教会では、毎朝のミサの前に、当番の人が先唱して、お告げの祈りを唱えています。この祈りは、神のおん子がわたしたちと同じ人となられ、それによって世界の歴史が新しい方向づけを与えられたことを黙想させます。ミサのために、とてもいい心の準備になります。

なお、復活祭から聖霊降臨祭までの復活節には、お告げの祈りに代えて、「アレルヤの祈り」が唱えられます。これは、アヴェ・マリアの祈りを伴わず、短いものですが、聖母マリアとともに主のご復活の喜びを深めるものです。

（先唱）神の母聖マリア、お喜びください。アレルヤ。
（一同）あなたにやどられた方は。アレルヤ。
（先唱）おことばどおり復活されました。アレルヤ。
（一同）わたしたちのためにお祈りください。アレルヤ。
（先唱）聖マリア、お喜びください。アレルヤ。
（一同）主はまことに復活されました。アレルヤ。
（先唱）祈りましょう。
（一同）神よ、あなたはおん子キリストの復活によって、世界に喜びをお与えになりました。キリストの母、聖マリアにならい、わたしたちも永遠のいのちの喜びを得ることができますように。わたしたちの主イエス・キリストによって。

アーメン。

5 ロザリオによる黙想

聖母マリアの取りつぎを願う上で、知っておいたらよいのはロザリオによる黙想の仕方です。ロザリオの祈りそのものは、カトリックのキリスト者ならよく知っています。そして、病気の人や困っている人のために聖母の取りつぎを願って、ロザリオを個人として唱えたり、グループで共唱したりします。

毎年ロザリオの月とされる十月には、わたしが勤めている長府教会では日曜日のミサの前に、皆でロザリオ一環を共唱するのが常です。

もともと古代の修道者たちは、数珠をくりながら短い祈り、たとえば「キリエ・エレイソン（主よ、あわれんでください）」など、「射祷」と呼ばれる　言だけの祈りを唱える、という習慣がありました。これが、一つの珠ごとに「アヴェ・マリアの祈り」を唱えるようになったのは、たぶん十一世紀頃からだと推測されています。

「ロザリオ」という名称は、ラテン語のローザ（「ばら」という意味）に由来します。中世には聖母マリアのご像をばらの冠で飾ったようです。そして、「アヴェ・マリアの祈り」を繰り返して、霊的なばらの冠を作り、聖母におささげすると考えました。今でも、ドイツ語ではロザリオのことを「ローゼンクランツ」（ばらの冠）と呼んでいます。

わたしが通っていたカトリックの中・高等学校では、「マリア会」（現在のＣＬＣ）という信心会があり、わたしもその会員でした。十月には、お昼休みに有志が森の中にある小聖堂に集まって、ロザリオを唱える習慣がありました。また、第一次大戦のときに、フランスの兵士たちが戦場で銃をもちながらも、指輪のロザリオを唱えたという話を聞きました。普通のロザリオは五十のアヴェ・マリアで一回り（一環）ですが、ただ十のアヴェ・マリア（一連）だけの指輪のロザリオもあり、今ならホーリーショップで買えますが、当時はまだ売店にはありませんでした。それで、中学三年のときでしたが、わたしは彫刻刀でカマボコの板をけずって、ロザリオの指輪を作り、登下校の電車の中で唱えていました。たぶん司祭職への召しだしの源は、ここにあったかもしれません。

ロザリオはだれでも、どこでも唱えることのできる、とても簡単な祈りです。いろいろな唱え方があるのですが、口祷としての唱え方のほかに、主の救いの業の神秘を黙想するために用いることもできます。ここではロザリオを念祷（黙想）のために用いるという唱え方を見ておきましょう。

ロザリオが「主の祈り」と十の「アヴェ・マリアの祈り」で一連、五連で一環と呼ばれること、一環ごとに「喜びの神秘」、「苦しみの神秘」、「栄えの神秘」、「光の神秘」の黙想が定められていることは、よくご存じでしょう。この四つ目の「光の神秘」は、最近になって教皇ヨハネ・パウロ二世がお定めになったものです。まだあまり知られていないので、これを例にして黙想の仕方を説明します。

〈光の神秘を黙想しながらのロザリオ〉

①イエスの洗礼

口で唱える「アヴェ・マリアの祈り」そのものは、言葉の意味を考えずに、いわばバックミュージックのように唱えて、むしろ定められている神秘に思いを集中させます。その際に、聖母マリアが一緒に祈ってくださっている、という意識を保っています。第一連で思いを馳せるのは、イエスが洗礼者ヨハネの評判を聞いて、遠いガリラヤ地方のナザレから死海のほとりにやってきて、群衆にまじってヨハネの説教を聞いたこと。列に並んで順番を待ち、ヨハネから洗礼を受けられたこと。水から上がって祈っておられたとき、天が裂けて、聖霊がご自分の上に下ってくるのをご覧になったこと。「あなたはわたしの愛する子」という声を聞かれたこと（マコ1・9－11）。マルコ福音書では、これがイエス自身の体験であるように描かれています。もしそうであれば、他のだれもそれを知らず、後にイエス自身が弟子たちに語ったのかもしれません。ここでイエスは、天の父との深い一致の中で、メシアとしての叙任を受けました。

以上のようなことを思いめぐらしていれば、十のアヴェ・マリアはすぐ終わってしまいます。

②カナでの婚礼

第二連は、カナでの婚礼の黙想です。カナはナザレから歩いていける距離ですから、きっと家族ぐるみのおつきあいのある家だったのでしょう。イエスの母マリアが裏方でお手伝いをしています。イエスも弟子たちと一緒に招かれていました（ヨハ2・1－11参照）。

当時の婚礼では、花婿の実家で、父親である家の主人が祝宴を催すのがふつうでした。宴会は一週間くらい続いたそうです。テレビはもとより、映画館とかテーマパークとか、娯楽施設のなかった時代ですから、村の人々の唯一の楽しみはお祭りや、婚礼の祝いなどでした。大勢の人が集まれるほどの大きな部屋がない家なら、庭先に机や椅子を出して、食事をしながら騒いだのでしょう。イエスもくったくなく、皆と一緒にワイワイと楽しく話しあったことでしょう。

福音書には、イエスが怒ったり泣いたりする場面はあっても、笑っているイエスは描かれていません。そのためか、キリスト教の伝統では、あまり笑っているイエスの絵を描いたものはありません。しかし、カナの婚礼の話からは、村人たちの笑い声や歌声などが聞こえてくるようです。イエスも、席から立ちあがって、歌を披露したかもしれません。皆でフォークダンスを踊ったかもしれません。

そんな中で、ぶどう酒がなくなったら大変です。婚礼を催した一家の主人も花婿も、大恥をかきます。ここで聖母マリアがイエスを呼ぶのですが、イエスなら何とかしてくれると思ったのでしょう。福音書の著者は、聖母の取りつぎによって、イエスが水をぶどう酒に変えたと語っています。著者の共同体に言い伝えられていた話が元になっているのでしょう。ユダヤ教の清めの儀礼に用いる水がめが六つあって、これに汲まれた水がぶどう酒になったと言われますから、この言い伝えは新約の秘跡を象徴しているのかもしれません。

福音書の著者は、主イエス・キリストへの信仰を伝えようとして、六十年以上も経ってから書いているからです。そんなことに思いを馳せているうちに、第二連もすぐ終わってしまいます。

③神の国の福音

第三連は、イエスが告げた神の国の福音の黙想です。もう少し具体的に黙想するためには、マタイ福音書の山上の説教を取りあげるのがよいかと思います。この福音書の著者は、イエスがあちこちで話した事柄を一つの説教の形にして、五章から七章までにまとめました。その中で、わたしはとくに、「空の鳥を見なさい」、「野の花を見なさい」（マタ6・25－33参照）という箇所を選びます。

現在でも、聖地に巡礼にいくと、ガリラヤ湖の北側に小高い丘があって、「山上の説教の丘」と呼ばれています。丘の上からは、青々としてガリラヤ湖の水と対岸の山々が眺められ、なだらかな丘辺には、ユダヤ人たちが畑を作って灌水（かんすい）していて、畦道（あぜみち）には小さな草花が咲いています。湖畔の灌木では小鳥たちがさえずっています。イエスが朗朗（ろうろう）とした声で群衆に説教した姿が想像できます。

野辺に咲く名もない花は、働きもせず、つむぎもしないのに、金銀や宝石を散りばめて着飾っていたソロモン王よりもずっと美しい、とイエスは語りました。太陽の光を浴びて、精一杯に咲いている小さな花々は、神さまの恵みを受けて　生懸命に生きている貧しい人々を思わせます。

「何を食べようか、何を着ようかと思い悩むな」という言葉は、「今日のおかずは何にしようか」とか、「友だちとのパーティーに何を着ていこうか」とかで悩むこととは違います。当時のガリラヤの農夫たちは、大勢の子どもたちに食べる物、着せる物を与えるために、毎日、毎日、必死に働いていたのです。「天の父は、これらのものがあなたたちに必要なことをご存じだから、思い悩むのはやめて、父がすべてをはからってくださるように祈りなさい」（マタ6・32－33参照）と、イエスは教えました。

このようなことを思いめぐらしていると、第三連も終わってしまいます。

④主の変容

第四連は、イエスのご変容の黙想です。共観福音書では、イエスはご自分の受難と死を予告した後、ペトロ、ヤコブ、ヨハネの三人を連れて、山に登って祈ったと伝えられています（マコ9・2－8、マタ17・1－8、ルカ9・28－36）。イエスが祈っているあいだに、その姿が栄光に包まれ、弟子たちはモーセとエリアが現れてイエスと語りあっているのを見ます。不思議なできごとです。聖書学者たちも、これが何を意味しているのか、どのように言い伝えられたのか等々、いろいろ議論しています。とにかく教会の伝統では、イエスの受難と死に際して弟子たちが信仰を失わないように、神さまがやがてイエスの受ける栄光を垣間見させたのだ、と理解されています。

ここでペトロがその光景に夢中になって、「先生、わたしたちがここにいるのは、すばらしいことです。仮小屋を三つ建てましょう。一つはあなたのため、一つはモーセのため、もう一つはエリアのためです」（マコ9・33）と言ったと伝えられています。わたしたちも祈りの中で、ときには心が燃え、喜びに満たされ、勇気づけられる経験をします。聖イグナチオの言う、いわゆる「なぐさめ」です（第七章　霊の識別を参照）。そして、その喜びにいつまでもひたっていたい、と望みます。しかし、「なぐさめ」をいただくときは、それに執着していてはなりません。それは、やがてくる試練を耐えるために、神さまがくださる励ましです。

そんなことを思いめぐらしているうちに、第四連も終わります。

⑤主の晩餐（ばんさん）

第五連は、主の晩餐の黙想です。これについてはすでに前章で見ましたが、主イエスはご自分の死を前にして弟子たちと別れの食事をしたときに、聖体の秘跡を制定してくださいました。パンを取って、「これを取って食べなさい。これは、あなたがたのために渡されるわたしの体」と言い、ぶどう酒の杯を取って、「これを受けて飲みなさい。これはあなたがたのために流されるわたしの血」と言って、「これをわたしの記念として行いなさい」と命じました。この主の言葉を守って、教会は以後二千年にわたって、パンとぶどう酒をもって会食を行い、主イエスがささげてくださったいのちを分かちあいました。この尊い秘跡こそ、教会を形成し、わたしたちキリスト者の信仰を導いてきた力の源です。

主イエスがわたしたちの身の上を心配して、残してくださった最大の贈り物、いつもわたしたちとともにいることを示す目にみえるしるしです。わたしたちが闇にさまよっているときに光を与え、希望を失っているときに励まし、倒れているときに立ちあがらせてくださる秘跡です。あの最後の晩餐で弟子たちとともに食事をなさるお姿を思い浮かべ、自分もそこに参加していることを想像しているうちに、第五連も終わります。

ロザリオの「光の神秘」は、この五つの黙想をもって、わたしたちに黙想のためのよい助けを与えてくれています。以前には、「主の受肉」の神秘から一足飛びに「主の受難と死」、そして「主の復活」へと黙想していたのですが、教皇ヨハネ・パウロ二世のおかげで、主イエスと弟子たちの公生活から、闇の世に灯された光をさまざまな視点から黙想できます。

聖母マリアがともに祈っていてくださることを感じながら黙想すると言いましたが、もしだれか困っている人、苦しんでいる人のためにロザリオをささげるなら、同時にその人のことを意識しながら黙想すればよいかと思います。ちょうどわたしたち自身がどこか体の痛むときとか、心に悲しみや苦しみがあるときに、それを忘れて祈ることができないように、悲しみ、苦しんでいる家族や友人のことを意識しながら、ロザリオを祈れば、よい取りつぎの祈りになるでしょう。

第十章　愛を得るための観想

これまで、口祷と念祷のさまざまな方法を見てきましたが、最後に聖イグナチオ・ロヨラが『霊操』で勧めている「愛を得るための観想」（『霊操』230－237）を学んでおきましょう。ここで言う「愛」は、神からの愛のことではなく、わたしたちの神への愛のことです。聖イグナチオは、これを霊操全体のまとめとするだけでなく、その後の生活の中で繰り返して行う祈りのための指針としています。わたしたちは、そこから自分に適した祈り方や、信仰生活の方向づけを見いだすとよいと思います。

聖イグナチオは、いつものように、祈りの始めに二つの短い準備を勧めています。①場所を想定すること。ここでは、主なる神と、取りなしてくださる天使たち、諸聖人の前に自分がいることを想像します。②望んでいることを願うこと。ここでは、すべてにおいて神を愛し、仕えることができるために、これまでいただいた恵みをよく知ることを願います（『霊操』232－233）。

この準備の後に、観想のための四つの要点が勧められていますが、それぞれ大きなテーマなので、祈りのテーマとして別個に用いてもよいでしょう。

1　いただいている恵みの想起

まず、聖イグナチオの述べる第1要点を見ましょう。「創造と贖（あがな）いと個人的な賜物など、受けた恵みを思い起こし、わが主なる神がわたしのためにいかに尽くされたか、ご自分がもっておられるもののからどれほど多く与えてくださったか、また同じ主が、どれほどご自分をわたしに与えようと望んでおられるかを、深い感動をもって思いめぐらす」（『霊操』234）。

ここでは簡単に「創造」と言われていますが、『霊操』のいちばん始めに、「原理と基礎」というテーマで、人間が造られた目的は何か、ということが取りあげられています（『霊操』23）。これはすでに見たように、自分がここに存在しているのはなぜか、というわたしたちの根本的な問いに答えるものです。この「わたし」は神さまによって造られたから、ここにいるのです。神さまはわたしが存在する前からわたしを愛し、無から存在へと呼び出してくださいました。その目的は、わたしが神さまを賛美し、敬い、仕えるため、そのようにして神さまの愛にお応えし、神さまとの交わりに生きるためでした。このように理解するとき、わたしたちの生き方全体が変えられていきます。「愛を得るための観想」で、もう一度、この原点にもどります。

そして次に、簡単に「贖い」と一言で言われていますが、これもずっと今まで黙想を重ねてきたことです。すなわち、この「わたし」が自由意志で神さまの愛に背いたにもかかわらず、神さまは御自分の一人子をお遣わしになり、その十字架の死を通してわたしを罪の束縛から解放してくださったのです。

この根本的な「創造」と「贖い」という恵みに加えて、神さまが特別にこの「わたし」のために人生の中で与えてくださった恵みを思い起こします。自分の両親や家族の愛、幼少時代から青年時代を通じて交わった恩人や友人たち、自分がたずさわった仕事と職場の人々、そこでの成功と喜び、失敗を通じていただいた学びと成長、自分に授かっている健康や能力や環境など、これまでの人生のできごとを思い起こします。そして、神さまがこれほどまでの特別の愛をくださったのですから、今の自分はこれに対して何をおささげすればよいのか、と考えます。「愛とは、愛する者がもっているものを愛される人に分け与え、愛される人も愛する人に対して同じくするところに愛がある」(『霊操』231)からです。

読者の皆さんは、それぞれの人生にたくさんの思い出があるでしょう。嬉しかったこと、悲しかったこと、人を愛したこと、いさかいを起こしたこと、仕事に成功したこと、失敗したことなど。病気とか、家族の死とか、大きな不幸を体験した人もいるでしょう。しかし、長い人生では、ひょっとしたらその不幸は恵みだったのかもしれません。

わたしがここで思いおこすのは、数日前に読んだ本のことです。星野富弘さん（一九四六―二〇二四）と日野原重明さん（一九一一―二〇一七）との対談で、『たった一度の人生だから』（いのちのことば社）という本。ご存じだと思いますが、星野さんは若いときに大怪我をして、手足が動かず、ただ口に筆をくわえて、字を書いたり絵をかいたりなさる方で、美しい絵と詩の詩画集をいくつも出しておられます。日野原さんは医者で聖路加病院の院長をなさっていた方で、百五歳まで生きて、やはりたくさんの心あたたまる随筆集を残されました。まず日野原さんが言うのは、人生はよくマラソンにたとえられるけれども、むしろサッカーだ。マラソンでは折り返し点があって、競争相手を見て、自分の残している力を考えて、ラストスパートのために体力を調整する。ところが、サッカーではハーフタイムがあって、そこで前半を振り返って、後半のやり方を考える。日野原先生のおっしゃるには、自分はもう九十歳だから違うけれど、星野さんはそのとき五十九歳でしたから、ちょうどハーフタイムで、これからの人生を考えるときだと。これに対して星野さんが言うには、自分は二十四歳で大怪我をして、九年間入院して、やっと車椅子で移動し、何とか詩を書いたり絵をかいたりできるようになって、たくさんの人に喜んでいただけた。そう思うと、あの怪我のおかげで今の自分があった。あの怪我は、実は恵みだったのだ。これからも、人に喜ばれること、そして意味のあることをしたい。そのようなお話しでした。

わたしは、というと、もう八十三歳ですから、サッカーなら「アディッショナルタイム」です。でも、アディッショナルタイムでゲームが逆転することもあるのですよ。皆さんは、定年を迎えたらハーフタイムで、人生の後半をどう生きるか、考えるといいですね。

さて、『霊操』に戻って、聖イグナチオは過去の恵みの想起に続いて、自分に目を向けるように促します。「ついで、自分に目を向け、当然なすべきこととして、わたしからは主なる神に何をささげ、何を与えるべきかを考察する。つまり、わたしのすべてのもの、それと同時にわたし自身をささげるべきと思い、深い感動のまま奉献する者として、次のように申しあげる」（『霊操』234）。

聖イグナチオはここで、「自己をささげる祈り」として知られる祈りを記しています。すばらしい祈りなので、独立した祈りとして、いろいろな機会に用いることも勧められます。さまざまな翻訳があるのですが、ラテン語の祈りから、自分なりに訳してみました。

主よ、お取りください。
わたしの自由、わたしの記憶、わたしの知性、わたしの意志の
すべてを受けとってください。
わたしのもっているもの、所有しているものはみな、
あなたがくださったものです。
そのすべてをお返しします。
み心のままにお使いください。
ただあなたの愛と恵みをお与えください。
それだけで満ちたりていて、他の何ものも願いません。

この祈りの最後にある「あなたの愛」とは、「あなたに対してわたしのうちに燃え立つ愛」、ということでしょう。そして「恵み」とは、神さま、もしくは主キリストの臨在、すなわち主がどんなときにもわたしとともにいてくださることを言うのでしょう。
「それだけで満ちたりていて、他の何ものも願いません」ということは、わたしたちに

はなかなか言えませんね。ふだん、あれもしたい、これもしたいと、いろいろな欲望が絶えず沸き起こってきて、神さまのことなどそっちのけ、というのがわたしたちの日常ですから。

ちなみに、聖フランシスコ・ザビエルの有名な肖像画があります。徳川幕府の厳しい迫害時代に日本人画家によって描かれ、大阪府茨木市の隠れキリシタンの家屋に隠されていたものが一九二〇年に発見されて、神戸市立博物館に収められています。十字架をいだくザビエルの胸には燃える心臓が描かれ、口からはラテン語で、satis est 'Domine, satis est（十分です、主よ、十分です）という言葉がほとばしり出ています。インドの神学院で、夜、ザビエルが庭先の小聖堂で祈っていて、だれもいないと思って口にした言葉を、通りかかったブラザーが聞いていて、伝えたと言われます。ザビエルは祈りの中で心が燃えて、「十分です」とは、いただいている恵みで十分です、という意味でしょう。「それだけで満ち足りていて、他の何ものも願いません」とは、このことでしょう。

2　被造物に臨在しておられる神

聖イグナチオは第2要点として、次のように述べています。「神がいかに被造物のうちに住んでおられるかを見る。つまり、諸元素には存在を与えながら、植物には成長を与えながら、動物には感覚を与えながら、人間には理解する力を与えながら。そのようにわたしには存在と成長と感覚と理解力を与えながら、住んでおられる。同様に、主なる神の姿に似せてつくられたわたしを神殿として、住んでおられる。第1要点に述べた方法、またはよりよいと思われる他の方法で同じことにつき自分に目を向ける」（『霊操』235）。

神さまがあらゆる被造物の中に内在しておられる、という洞察です。高い山に登って、すばらしい大自然を前にしたとき、そこで神さまの存在を感じるようになった人もいます。そのような壮大な景色を前にすることは、わたしたちのふだんの生活にはないのですが、それでも日常生活で小さな自然に感動することはあります。わたしが住んでいる下関の長府にも、櫛崎城（くしざきじょう）という城跡の下に海岸があって、教会からわりあいに近いので、わたしはしばしばジョギングで訪れます。ジョギングと言っても、よちよち走ってみたり、歩いてみたりですが、太陽や雲の動きで、海の色は毎回違うのです。海岸に下りると、満潮のとき、干潮のとき、それぞれ砂浜も、水の上に突きでている岩も、形を変えています。神さまが残しておいてくださった、小さな自然の味わいです。日の光、風や波、岩と砂浜などは、聖イグナチオの言う「諸元素」なのでしょうか。

そして、「植物には成長を与えながら、動物には感覚を与えながら」と聖イグナチオは言います。イエスも、「野の花がどのように育つのか、注意して見なさい……栄華を極めたソロモンでさえ、この花の一つほどにも着飾っていなかった」（マタ6・28−29）とおっしゃっていますね。わたしのジョギングの道端や石垣にも、春になると小さな花がいっぱい咲いて、神さまのはからいを感じさせます。

ジョギングで思いだすのは、よく海岸に犬を連れてくる人のことです。糞（ふん）を落とされないか、ちょっと心配ですが、犬たちは動物好きのわたしを嗅ぎ分けるようです。砂浜を歩いていると、必ず寄ってきて、立ち止まるとクンクンします。かわいいですね。

植物や花の好きな人、動物の好きな人、皆違っていますが、生き物に触れ、それを愛（め）でるとき、心ある人ならきっと人間を超える超越的な存在を感じとるでしょう。わたしたちキリスト者にとっては、神さまのことを観想するための、よい機会になります。

そして何よりも、「わたしには存在と成長と感覚と理解力を与えながら、住んでおられる」という言葉は、神さまへの畏敬と感謝の心に導きます。「理解力」もしくは「知性」は、人間だけがもっているものです。聖イグナチオの時代には、記憶、知性、意志が人間に与えられた能力として強調されたのですが、それらの宿る所が「霊魂」とか「精神」とか呼ばれるものでしょう。人間は、肉体をもつ精神ということもできます。人間は、「神の似姿」として造られました。他の被造物と違って、自分自身を意識し、自分が何者であるかを考えます。そして、自分をお造りになった神さまの存在を感じとります。神さまは、この「わたし」をご自分の家として住んでおられます。「主なる神の姿に似せてつくられたわたしを神殿として、住んでおられる」というパウロの言葉に基づいて言われたのでしょう。「あなたがたの体は、神からいただいた聖霊が宿ってくださる神殿」（一コリ6・19）なのです。いつもともにいてくださる神さまに、何とかして喜んでいただきたい、と思います。

こうして、第1要点で行ったと同じように、自己をささげる祈りを唱えます。

3　すべてにおいて働いておられる神

第3要点として、聖イグナチオは次のように述べています。「あらゆる被造物において神がいかにわたしのために活動し、働いておられるかを考察する。つまり労働する者のように見える。たとえば、存在させ、保持し、成長させ、感覚をもたせるなどして、天と諸元素と植物、果実、家畜などにおいて働いておられる。ついで自分に目を向ける」(『霊操』236)。

第2要点で見た神さまの臨在は、ここでは観点を変えて、この神さまがこの「わたし」のために、あたかも労苦して働いていてくださるかのように、愛を注いでくださっていることを考えます。とくに大きく、美しく育った果物などをいただくときは、その背後に神さまの愛の働きを感じます。鶏が産んだ卵、牛からしぼられるミルクとそこから作られるバターやヨーグルト、そしてわたしたちが日常にいただく食物の背後に、たくさんの人々の労働があることを思うと、神さまがこの「わたし」のために働いてくださっていることを感じます。その極みは、この「わたし」の救いのために主イエス・キリストがご自分のいのちをささげてくださったことです。神さまは、ご自分の一人子さえも、この「わたし」のためにお与えくださったのです。「わたしたちが神を愛したのではなく、神がわたしたちを愛して、わたしたちの罪を償ういけにえとして、御子をお遣わしになりました。ここに愛があります」(一ヨハ4・10)。

この神さまの愛を思って、次に自分自身を振り返り、この愛に少しでもお応えしたいと思います。そして、神さまの前に自分自身を差しだして、「自己をささげる祈り」を唱えます。

4　天上からくだる賜物

第4要点は、次のように述べられています。「すべての良いものと賜物がいかに天上からくだるかを見る。わたしの限られた能力が天の限りない最高の能力からくだり、正義と良さ、思いやりと憐れみなども同様である。あたかも太陽から光線が、泉から水が流れ出るごとくである。ついで、前述のとおり自分に目を向ける」（『霊操』237）。

これまでに見た神さまの恵みを、違う観点からもう一度確かめるのです。この世界のすべてのよいものが、神さまからくること、ちょうど光が太陽から注いで、すべてのものに命を与えるように、またすべての生き物を生かす水が、泉から流れでるように、すべてのよいものが神さまからくだってくることを思います。

小教区の仕事にたずさわっていると、信者さんたちの中に、ほんとうに善意でいっぱいの人たちがいることに気づきます。毎日の朝のミサのために、雨の日も、風の日も、忠実にやってきて、準備をしてくれる人。人知れず、植木鉢に水をやる人。皆のために掲示板を新しく整理してくれる人。建物の痛んでいる所を見つけては、こつこつと修理してくれる人。教会に来られない病人や老人のために、グループで手紙を書いてくれる人。それぞれ、灰の中の炭火のように、心の中に愛を宿しています。そのような善意や奉仕の心は、すべて神さまを源として流れ出てくるものです。

もし自分の中に、正義を求める心、人を思いやる心、自分のもっているものを惜しみなく差しだす心などがあれば、それは神さまを源としているのです。

こうして、恵みの源泉である神さまの愛にどのようにお応えすればよいのかと、自分自身を振り返ります。そして、神さまのもっていらっしゃらないもので、自分がもっているものと言えば、この弱い自分自身でしかないことに気づきます。神さまの前に自分自身を差しだして、「自己をささげる祈り」を唱えます。

いつものように、イグナチオは祈りの終わりに、「対話」を勧めています。神さまに向かって、友が友に語るように、感謝、賛美、奉献、願いなどを、心の中で言葉にして申しあげるのです。もちろん「自己をささげる祈り」を、自分の自由な言葉にして申しあげてもいいでしょう。

聖書の引用はすべて、日本聖書協会発行の『聖書　新共同訳』（一九八七年版）を、公会議公文書の引用はカトリック中央協議会発行の『第二バチカン公会議公文書改訂公式訳』（二〇一三年版）を使用させていただきました。

あとがき

「祈り」をテーマとする書物を書きながら、今回はこれまでになく苦戦しました。というのも、本来、祈りについて手引き書を書くとすれば、著者は生涯を通して真に祈りの生活を営み、祈りの本質も方法もよくわきまえ、その喜びも苦しみも熟知している者であるはずでしょう。しかし、私はこの書物を書き進むにつれ、自分にはその資格がないことに気づかされたからです。

それでも、わたしの背を押してくれたことが二つありました。一つは、もう十年ほど前になりますが、キリスト教放送局「日本ＦＥＢＣ」から、「祈りを学ぼう」という番組でお話しするように依頼されたときのことです。わたしは、霊性神学の専門ではないし、祈りの指導のような仕事にたずさわる者でもないという理由で、始めは辞退しました。ところが、番組のお相手をしてくださったアナウンサーの吉崎恵子さんは、「専門の方のお話は別の機会にお願いします。でも、この番組では、ありのままの百瀬神父が経験し、実践してきたことをお話ししていただきたいのです」、というお言葉でした。それなら、わたしにもできると思って、半年の間、二十六回にわたる夜間の放送で、自分がこれまでカトリック教会の伝統から学んだ事柄をお話ししました。あとで多くのリスナーに、よい学びとなって、喜ばれたという報告を受けて、とても嬉しく、勇気づけられました。

もう一つは、二〇〇七年以降、わたしがカトリック山口・島根地区での宣教と司牧にたずさわることになって、毎年のように信徒養成のための研修会や講座を依頼されたことです。毎回テーマや開催場所を変えても、やはり「キリスト者の祈り」というテーマはすべてを貫く養成の根幹をなすものでした。そして、参加してそれぞれの体験を分かちあってくださった信徒の皆さまと、参加者のグループに同伴してくださった司祭や修道者の方々の感想やご意見が、わたし自身にとって学びであり、励ましになりました。

このたび女子パウロ会のシスター方からは、「生涯学習のための祈り」という表題で書物を刊行したい、と呼びかけていただきました。また、原稿を丁寧に読んで、重複した箇所を削除し、わかりにくい箇所を指摘するなどして、読みやすい書物となるよう助けていただきました。深い感謝をもって思いおこしています。読者の皆さまが、ご感想やご意見をお寄せくだされば、再版のときには少しは改善できるかと思います。

二〇二四年八月　カトリック長府教会にて

百瀬　文晃

百瀬文晃　ももせ ふみあき

1940年　東京で生まれる。
1961年　イエズス会入会。
1970年　フランクフルトで司祭叙階。
1977年　フランクフルト・聖ゲオルグ神学大学で神学博士号を取得。
　　　　帰国後は、上智大学神学部で教える。
2001年　アテネオ・デ・マニラ大学（フィリピン）神学部で客員教授。
2007年より広島教区で司牧に従事し、現在に至る。

〈主な著書〉
『キリスト教の輪郭』『子どもたちと読む聖書』『ここが知りたい キリスト教への25の質問』『キリスト者必読 生涯学習のためのキリスト論』『キリスト者必読 生涯学習のための教会論』（女子パウロ会）ほか。

カバー装画■望月通陽
ブックデザイン■森 木の実

キリスト者必読 生涯学習のための「祈り」

著　　者／百瀬文晃
発 行 所／女子パウロ会
代 表 者／松岡陽子
　　　〒107-0052 東京都港区赤坂８丁目12-42
　　　Tel.03-3479-3943　Fax.03-3479-3944
　　　Webサイト https://www.pauline.or.jp/
印 刷 所／株式会社工友会印刷所
初版発行／2024年10月22日

ISBN978-4-7896-0842-8 C0016　NDC196